Wolfgang Frühwald
Goethes Hochzeit

Insel Verlag

Insel-Bücherei Nr. 1294

Goethes Hochzeit

1. Nähe des Todes

Ereignisse seines Lebens, die ihn im Innersten erschüttert und dem Tode nahe gebracht haben, hat Goethe mit eiserner Selbstdisziplin, oft auch mit Härte gegenüber denen, die ihm nahestanden, als unwiderruflich geschehend oder geschehen betrachtet und entsprechend bewältigt. In seinen Texten finden sich zu solchen lebensbedrohenden Erfahrungen meist nur Andeutungen. Charakteristisch dafür ist der (letztlich vergebliche) Versuch, rasch über den Tod seines Sohnes (in der Nacht vom 26. auf den 27. Oktober 1830 in Rom) hinwegzukommen. Er habe, berichten die Zeitgenossen, bei der schonenden Andeutung der Todesnachricht mit Tränen in den Augen ausgerufen: »Ich weiß, daß ich einen sterblichen Sohn gezeugt.« Als »non ignoravi, me mortalem genuisse« überliefert der Kanzler Müller diesen Ausspruch. Dann habe Goethe den Überbringern der Nachricht (am 10. November 1830) »das Todeswort« abgeschnitten. Noch am 21. November dieses Jahres 1830 schrieb Goethe, leidlich gefaßt, an seinen Freund Zelter, sich nochmals ins lateinische Zitat flüchtend: »Nemo ante obitum beatus ist ein Wort, das in der Weltgeschichte figuriert, aber eigentlich nichts sagen will. Sollte es mit einiger Gründlichkeit ausgesprochen werden, so müßte es heißen: ›Prüfungen erwarte bis zuletzt‹.« Das Schicksal meine wohl, heißt es in diesem Brief ahnungsvoll weiter, »man seie nicht aus Nerven, Venen, Arterien und andern daher abgeleiteten Organen, sondern aus Draht zusammengeflochten«. Und schließlich gab er dem Freund das

Abb. 1   August von Goethe, nach seinem Tod gezeichnet von
Julie Gräfin von Egloffstein (November/Dezember 1830). Die
dem Weimarer Kreis um die Herzogin Anna Amalia angehörende
Henriette von Egloffstein (und ihre Tochter, die Malerin Julie von
Egloffstein, 1792-1869) haben am Tode August von Goethes in
Rom auch deshalb Anteil genommen, weil Julie mit August noch
am 14. Oktober 1830 in Neapel zusammengetroffen war,
ursprünglich mit ihm nach Rom hatte weiterreisen wollen, sich
dann aber anders entschieden hatte. Über die Zeichnung schrieb
Julie an ihre Mutter am 2. Dezember 1830 aus Rom: »Ein Entwurf,
den ich in diesen Tagen von dem Sohne gemacht, ist, wie alle, die
ihn kannten, behaupten, sehr gelungen; ist es möglich, so will ich
ihn in Öl ausführen und dann dem armen Vater schleunigst
zusenden.« (Hermann Freiherr von Egloffstein, Hg.:
Alt-Weimars Abend. Briefe und Aufzeichnungen aus dem
Nachlasse der Gräfinnen Egloffstein. München 1923).

Geheimnis seines Lebens preis, wie er mit Todesgefahr und Todeserfahrung umzugehen wußte: »Hier nun allein kann der große Begriff der Pflicht uns aufrecht erhalten. Ich habe keine Sorge, als mich physisch im Gleichgewicht zu bewegen; alles Andere gibt sich von selbst. Der Körper muß, der Geist will, und wer seinem Wollen die notwendigste Bahn vorgeschrieben sieht, der braucht sich nicht viel zu besinnen.« Wie so häufig in seinem Leben aber hat auch diesmal, beim Tod des Sohnes, der zur Pflicht kommandierte Körper den Gehorsam verweigert. Goethes Hausarzt, der weimarische Hofmedikus Carl Vogel, hat zeitnah (1833) konstatiert, daß die Krankheit, die Goethe im Herbst 1830 überfallen hat, »lediglich Folge der ungeheuern Anstrengung [war], womit [er] den bohrenden Schmerz über den vorzeitigen Verlust des einzigen Sohnes zu gewältigen strebte«. Knapp vierzehn Tage nach der Todesnachricht erlitt Goethe am 25. November 1830 einen Blutsturz, der ihn selbst dem Tode nahe brachte. »Ich war«, schrieb er, in Verkehrung des antiken Mythos vom Fluß Lethe, am 10. Januar 1831 an Adele Schopenhauer, »schon mit den Fußzehen im Flusse des Vergessens, sollte aber diesmal doch die Barke nicht erreichen.« Das Geschehene zu vergessen, um der Erfahrung des Lebens, nicht der des Todes offenzustehen, war Goethes Rezept der Lebenserhaltung. Er hat den Fluß des Vergessens aus der Unterwelt ins Leben gerückt und damit Abstand zum Tode gehalten; »und so, über Gräber, vorwärts!« endet der Brief an Zelter vom 23. Februar 1831, in dem er dem Freund die Reise- und die Todesgeschichte des Sohnes August erzählte.

Über Todesgefahr also ist nur andeutend zu sprechen, um dem Tod nicht das Tor der Bewußtheit zu öffnen und ihm

Eingang in Geist und Leib zu erlauben. Thomas Mann hat in seinem Roman »Der Zauberberg« (1924) diese Lebensgeste übernommen und sie im Kapitel »Schnee« in die berühmte, auch im Schriftbild hervorgehobene Formel gefaßt: »Der Mensch soll um der Güte und Liebe willen dem Tode keine Herrschaft einräumen über seine Gedanken.« Der Tod ist für Goethe allenfalls mythisch zu »fassen« und so vom eigenen Schicksal, poetisch verwandelt und gebändigt, abzuwenden. Deshalb hat er über den Tod seiner Frau Christiane nur wenige Zeilen des Schmerzes gefunden, deshalb hat er zum Tod Charlotte von Steins geschwiegen. Diese kannte seine Aversion gegen Tod und Todesrituale und soll verfügt haben, daß ihr Leichenzug (1827) nicht an seinem Haus vorbeigeführt werden sollte. Deshalb auch ist Goethe nach dem Tode des Herzogs Carl August (1828) auf die Dornburger Schlösser geflohen, deshalb hat er in fast allen Zeugnissen über die Plünderung Weimars nach den Schlachten bei Jena und Auerstedt beredt geschwiegen.

In Goethes Erinnerungen wird diese Doppelschlacht, in der Napoleon bei Jena und sein Marschall Davout bei dem nordwestlich von Bad Sulza gelegenen weimarischen Dorf Auerstedt am 14. Oktober 1806 die preußischen Truppen vernichtend geschlagen haben, scheinbar kurios mit einem Unfall bei ebendiesem kleinen Dorf in Zusammenhang gebracht, den Goethe dort auf der Reise nach Leipzig 1765 erlitten hat. Gleich nach dem Bericht über die Beobachtung von Irrlichtern in einem Moor nämlich erzählt Goethe im sechsten Buch von »Dichtung und Wahrheit« (entstanden 1811/12):

Durch Thüringen wurden die Wege noch schlimmer, und leider blieb unser Wagen in der Gegend von Auerstädt bei einbrechender Nacht stecken. Wir waren von allen Menschen entfernt, und taten das Möglichste uns los zu arbeiten. Ich ermangelte nicht, mich mit Eifer anzustrengen, und mochte mir dadurch die Bänder der Brust übermäßig ausgedehnt haben; denn ich empfand bald nachher einen Schmerz, der verschwand und wiederkehrte und erst nach vielen Jahren mich völlig verließ.

Zweimal hat Goethe dann im achten Buch seiner Autobiographie dieses Unfalls gedacht. Er hat sich durch die Erinnerung offenkundig als bedrohlich empfundener Erfahrungen, die dreißig Jahre zurücklagen, dem Epochenjahr 1806 genähert, in dem ihn die von Irrlichtern und Unfällen vorgedeutete Flutwelle der Geschichte überspülte und in panischen Schrecken versetzte. Die Entfremdung einer lange vertrauten Welt durch den Krieg, den Untergang der politischen Welt, in welcher er aufgewachsen war, das Ende des Zeitalters der Persönlichkeit hat Goethe im Jahr 1806 körperlich und geistig erlebt. So brachte er den Blutsturz, den er 1768 erlitten hatte und der meist als offene Lungentuberkulose mit Blutauswurf diagnostiziert wird, nicht nur in unmittelbare Verbindung mit der körperlichen Schädigung bei Auerstedt, sondern auch mit drogenartigem Kaffeegenuß. Ab der Mitte des Jahres 1768 hatte sich die Lebensgefahr angedeutet. Die im Juni dieses Jahres Leipzig erreichende Nachricht von Winckelmanns Ermordung in Triest warf einen langen Schatten über das letzte Jahr von Goethes Leipziger Studienaufenthalt. Schon früh also meinte Goethe erfahren zu haben, wie fremdes Leid und fremder Tod die eigene Natur verstören und die Nerven so reizen können, daß er späterhin diese Erfahrungen, hypochondrisch und pedantisch, in der Todeskrankheit der eigenen Frau sogar unbarmherzig von sich abgehalten hat:

> Der Schmerz auf der Brust, den ich seit dem Auerstädter Unfall von Zeit zu Zeit empfand und der, nach einem Sturz mit dem Pferde [am 31. Oktober 1767], merklich gewachsen war, machte mich mißmutig. Durch eine unglückliche Diät verdarb ich mir die Kräfte der Verdauung; das schwere Merseburger Bier verdüsterte mein Gehirn, der Kaffee, der mir eine ganz eigne triste Stimmung gab, besonders mit Milch nach Tische genossen, paralysierte meine Eingeweide und schien ihre Funktionen völlig aufzuheben, so daß ich deshalb große Beängstigungen empfand, ohne jedoch den Entschluß zu einer vernünftigeren Lebensart fassen zu können […] ich verhetzte meinen glücklichen Organismus dergestalt, daß die darin enthaltenen besondern Systeme zuletzt in eine Verschwörung und Revolution ausbrechen mußten, um das Ganze zu retten.

Goethe hat sich den Körper des Menschen als Modell der Welt gedacht und das organische Denken nicht nur mit *Bildern* des sozialen und politischen Lebens beschrieben. Er hat den Körper als Modell der Welt, die Welt als Modell des Körpers zu verstehen gesucht. Die blutige Revolution kann demnach nicht nur ein Mittel sein, um einem einzelnen Körper das Leben zu erhalten, sondern auch eine Medizin, um ein ganzes Volk zu retten. Über den Blutsturz in Leipzig, der – so jedenfalls hat es Goethe im Rückblick nach mehr als 30 Jahren gesehen – trotz Todesgefahr letztlich lebenserhaltend gewirkt hat, wird daher nicht zufällig wenige Seiten vor jenem »gellenden Nachklang akademischer Großtaten« berichtet, mit dessen Beschreibung Goethe das Leipziger Lebenskapitel abgeschlossen hat. In diesem »Nachklang« hat er, im Rückblick poetisch zusammenfassend, den von ihm selbst erlebten Umsturz der Zeit und des eigenen Lebens vorausgedeutet. Die Szene ist unheimlich genug, um zu erkennen, was Revolution für Goethe bedeutete, wie sie für ihn aus kaltem Kalkül, aus Rachegefühlen, aus Gesinnungszwang und Lust am Terror entsteht. Goethe erzählt in »Dichtung und Wahrheit« von einem für die kleinen Universitätsstädte des alten Reiches typischen Streit zwischen Stadtsoldaten und Studenten. Bei diesem Streit haben diesmal die Stadtsoldaten obsiegt und werden deshalb von angesehenen Bürgern der Stadt gelobt und belohnt. Die Studenten aber nehmen Rache, nicht an den Stadtsoldaten, sondern an deren Unterstützern:

Es begann wirklich ein seltsames Schauspiel. Die übrigens freie Straße war an der einen Seite von Menschen besetzt, welche ganz ruhig, ohne Lärm und Bewegung abwarteten, was geschehen solle. Auf der leeren Bahn gingen etwa ein Dutzend junger Leute einzeln hin und wider, in anscheinender größter Gelassenheit; sobald sie aber gegen das bezeichnete Haus kamen, so warfen sie im Vorbeigehn Steine nach den Fenstern, und dies zu wiederholten malen hin und widerkehrend, so lange die Scheiben noch klirren wollten. Eben so ruhig, wie dieses vorging, verlief sich endlich alles und die Sache hatte keine weiteren Folgen.

Das also war der »gellende Nachklang akademischer Großtaten«, wie ihn Goethe in der Jugend in Leipzig erfahren hatte. Er hat in der Autobiographie diese verstörende Geschichte als einen lauten Schlußpunkt seiner Beschreibung der moralisierend-langweiligen, rationalistisch-öden Universitätskultur angefügt. Freilich war diese Kultur, als Goethe die Erinnerungen an die Leipziger Studienjahre niederschrieb, längst vom Rachen des revolutionären Zeitalters verschlungen worden. Goethe hat, als er sich (nach Schillers Tod) selbst historisch wurde, die Geschichte und den Zustand der Hohen Schulen in Deutschland als einen Indikator dafür genommen, daß und wie sich im Schoß der Zeit Revolution und Krieg sichtbar vorbereitet haben. Das Prinzip der Autorität wurde erschüttert, die kalt kalkulierte Rache hat im Einverständnis mit »dem Haufen« und ohne Folgen für die Täter das Eigentum angesehener und bisher wohlgelittener Bürger zerstört, die Integrität ihrer Wohnungen verletzt. Ohne es zu wissen, hat Goethe damit die Elemente moderner Gewalttheorien vorweggenommen. Diese Theorien nämlich beschreiben Gewalt als eine Triade von Tätern, Opfern und Zuschauern und sehen die Täter-Opfer-Beziehung in der voyeuristischen Lust der schweigend billigenden Menge verdichtet. So ist die unheimliche Skizze der Leipziger Studentenrache Bild mathematisierender Grausamkeiten der heraufziehenden Revolutionen.

Unmittelbar nach dem »Leipziger Tumult« will Goethe Leipzig damals verlassen haben: »In der Gegend von Auerstädt gedachte ich jenes früheren Unfalls; aber ich konnte nicht ahnden, was viele Jahre nachher [eben 1806] mich von dorther mit größerer Gefahr bedrohen würde.« Mit solcher Vorsicht hat sich Goethe, noch fünf Jahre nach der Plünderung Weimars durch napoleonische Truppen, an das Wendejahr seines Lebens herangetastet. Dieses Jahr 1806 hat ihm die Zerbrechlichkeit des irdischen Glücks und der gegen den allgegenwärtigen Tod gebauten bürgerlich-menschlichen Barrieren so unmittelbar vor Augen geführt, daß er sogar in einer lange bewußt mißachteten Institution Zuflucht gesucht hat: in der Ehe. In dem soeben geplünderten, von toten, sterbenden und verletzten Soldaten angefüllten Weimar hat er am 19. Oktober 1806 seine langjährige Lebenspartnerin Christiane Vulpius geheiratet.

2. Krankheit 1805

Im Winter, zu Beginn des Jahres 1805, wurde Goethe von derart heftigen Nierenkoliken befallen, daß alle, die ihm nahestanden, aber auch diejenigen, welche ihm ferner standen, um sein Leben fürchteten. Die periodisch wiederkehrenden Schmerzen haben sich über ein ganzes Jahr hingezogen. Goethe soll sich unter den monatlich erneuerten Anfällen mit Selbstmordabsichten getragen haben. Vermutlich kann die Gewalt dieses Schmerzes nur nachvollziehen, wer ihn selbst einmal erfahren hat. »Er schrie so«, schrieb Johann Daniel Falk am 25. März 1806 aus Weimar an den Schweizer Historiker Johannes von Müller, »daß ihn die Wachen am Tor hören konnten.« Goethe hat alles getan, um diätetisch des Übels Herr zu werden. Da es operative und medikamentöse Behandlungen dagegen nicht gab, hat er Brunnenkuren gemacht, Kutsche und Pferd hat er als Transportmittel zu Hause aufgegeben, um durch Laufen den Körper zu bewegen. Im Jahr vorher hat sich auch Schiller um seines Freundes Gesundheit Sorgen gemacht und in einem Brief an Christian Gottfried Körner (am 25. April 1805) die bedenkliche Prognose des herzoglichen Leibarztes Dr. Johann Christian Stark mitgeteilt. Der Leibarzt zweifelte daran, Goethe wieder »ganz herstellen zu können«. Vierzehn Tage nach diesem Brief ist *Schiller* (am 9. Mai 1805) in Weimar gestorben. Goethe hat auch auf diese erschütternde Todesnachricht so reagiert, wie auf alle anderen Todesnachrichten, die er in einem langen Leben ertragen mußte. »Bei dem ersten Eindruck war niemand als die Vulpius zugegen«, schrieb Riemer an den Buchhändler Karl Friedrich Frommann am 18. Mai 1805 nach Jena. »Den Tag über durfte niemand davon reden. Am dritten Tage sprach er zuerst selbst mit mir von dem Verlust, den die Literatur erlitten, was Schiller noch alles vorgehabt zu tun und zu leisten.« Dann aber kehrten die Koliken mit Heftigkeit zurück und verhinderten sogar die Trauerfeier, die Goethe für den toten Freund veranstalten wollte. Das Übel wurde jetzt nach Dr. Starks Bericht chronisch, »doch so, daß es immer nur nach längeren Pausen wiederkäme, um endlich zu verschwinden«.

Am 6. Juni 1805 fürchtete der zweiundsiebzigjährige Wieland um Goethes Leben und damit um das endgültige Ende der Weimarer Kulturblüte. »Ich kann mir vorstellen«, heißt es in einem Brief Wielands an den Verleger Georg Joachim Göschen, »welche Sensation die Nachricht von Schillers Tode in Leipzig gemacht haben muß. Nach Herdern [der am 18. Dezember 1803 in Weimar gestorben war] und solange uns Goethe noch erhalten wird, konnte Deutschlands Literatur keinen empfindlicheren Verlust erleiden. Wollte Gott, daß wir nur nicht auch über den Einzigen, der uns darüber trösten kann, noch immer in Sorgen schweben müßten!« Das Unglück in Goethes Leben aber dauerte an. Im Januar 1806 starb die Stiefschwester von Christiane Vulpius, Sophie Ernestine Vulpius, die seit 1791 in Goethes Haus lebte, mit erst 31 Jah-

Abb. 2   Eine Kreidezeichnung Friedrich Schillers von Johann
Gottfried Schadow, entstanden bei einem Besuch Schillers in Berlin,
im Jahr vor seinem Tod (April/Mai 1804). Bei diesem Berlin-Besuch
war Schiller auch zum Frühstück bei Prinz Louis Ferdinand und
beim preußischen Königspaar eingeladen. Das Porträt ist eines
der wenigen erhaltenen nicht idealisierten Bildnisse Schillers.

ren. Nach Charlotte von Schillers und Charlotte von Steins Berichten hat Goethe um sie getrauert. »Dies schmerzt mich sehr«, lautete der Tenor des Geredes in Weimars besserer Gesellschaft, »daß seine Tränen um solche Gegenstände fließen müssen.« So jedenfalls schrieb Charlotte Schiller am 13. Januar 1806 an Fritz von Stein. Am 1. März 1806 starb Christianes Tante Juliana Auguste Vulpius, die ebenfalls seit 1791 in Goethes Haus lebte, mit 74 Jahren. Goethes Nierenkoliken kehrten monatlich wieder. Bilsenkraut statt Opium, also ein schweres, in Trancezustände versetzendes und als Zutat zur »Hexensalbe« berüchtigtes Gift, hat er jetzt als schmerzstillendes Mittel versucht. Im Januar 1806 hatte er so starke Koliken, daß er in seiner Verzweiflung zu Johann Heinrich Voß dem Jüngeren sagte: »Wenn mir doch der liebe Gott eine von den gesunden Nieren der Russen schenken wollte, die zu Austerlitz gefallen sind.« Heute ist dieser Satz in den Wartezimmern von Transplantationskliniken zu lesen. In der Dreikaiserschlacht bei Austerlitz (am 2. Dezember 1805) hatte Napoleon den verbündeten österreichischen und russischen Truppen eine blutige Niederlage zugefügt, nach welcher der Zar mit seiner Armee nach Rußland abgezogen war und schon am 6. Dezember einen Waffenstillstand mit Napoleon geschlossen hatte. Mit Österreich schloß der französische Kaiser am 26. Dezember 1805 den Frieden von Preßburg. In der Schlacht bei Austerlitz, in der sich schließlich die flüchtenden alliierten Truppen auf einem Damm zwischen zwei kleinen Seen drängten und viele in das dünne Eis der Teiche einbrachen, sollen 4000 Österreicher und 11000 Russen ihr Leben verloren haben. Napoleon dankte seinen Soldaten nach der Schlacht in einem berühmt gewordenen Bulletin: »Wer euren Klingen entkam, ertrank in den Seen.«

Trotz der heftigen Koliken gelang es Goethe im Frühjahr 1806, den ersten Teil des »Faust« abzuschließen und das Manuskript dem Verleger Cotta persönlich in Weimar zu übergeben. Erst beim Kuraufenthalt in Karlsbad vom 29. Juni bis zum 8. August 1806 ließen die Schmerzanfälle nach. Jene Kritiker, die mit Bezug auf die Karlsbader Beschlüsse (1819) Goethe später als den »Karlsbader Dichter« verspotteten, wußten nicht, daß er in den Modebädern der Zeit weniger die Nähe der Mächtigen suchte als Heilung von einem Leiden, das sein Leben und seine Lebensfreude oft nahezu unerträglich belastete.

3. Ein Kriegslied

Indessen zogen sich über Preußen und damit auch über dem Herzogtum Sachsen-Weimar, dessen Regent ein preußischer General war, die Kriegswolken zusammen. Noch bestand der Nimbus des friderizianischen Heeres, das alleine Napoleon, dem neuen Kriegsgott, zu widerstehen schien. Die patriotische Begeisterung – von der auch Weimar erfaßt wurde – unterschied sich zwar noch gravierend von der der Befreiungskriege (1813/14), doch galt Goethe schon damals in seinem konsequenten Mißtrauen gegen das Militär und sein Metier, den Krieg, als störend, als wenig patriotisch und solidarisch. In den ersten Monaten des Jahres 1806, einige Zeit vor der Schlacht bei Jena und Auerstedt, soll er im Kreise der Herzogin Anna Amalia ein Kriegslied vorgetragen haben, das alle

»Patrioten« nur als Spott und Hohn auf die ausbrechende Kriegsbegeisterung empfinden konnten. Es war auch so gemeint. Im Gespräch mit Eckermann (am 14. März 1830) hat Goethe später die eigene unkriegerische Natur von der kriegerischen Natur Theodor Körners abgesetzt und betont, daß er in seiner Poesie »nie affektiert« habe. Liebesgedichte habe er nur geschrieben, wenn er geliebt habe: »Wie hätte ich nun Lieder des Hasses schreiben können ohne Haß! – Und unter uns, ich haßte die Franzosen nicht, wiewohl ich Gott dankte, als wir sie los waren.« Wieland hat Goethe, nach dem Bericht von Johannes Falk, wegen seines Spottliedes auf den Krieg noch zwei Jahre nach dem ersten Vortrag in Weimar getadelt: »Einige Zeit vor dem unglücklichen 14. Oktober [1806], als alle andern begeistert waren und an nichts als an Kriegslieder dachten, sagte Wieland eines Abends bei der Herzogin Amalie: ›Warum schweigt nur unser Freund Goethe so still?‹ – da sagte Goethe: ›Ich habe auch ein Kriegslied gemacht!‹ – Man bat ihn schön, es zu lesen. Da hub er an und las sein Lied: ›Ich hab mein Sach' auf nichts gestellt‹, was ihm Wieland noch zwei Jahre nachher übel nahm.« Als Johanna Schopenhauer entdeckte, daß sich das Lied auf die Melodie »Es gingen drei Burschen zum Tor hinaus« singen lasse, konnte sich Goethe (im März 1807) daran kaum satt hören. Die Malerin Caroline Bardua, die als Schülerin Heinrich Meyers in Weimar weilte, mußte es ihm allabendlich vorsingen.

Das Lied, überschrieben »Vanitas! Vanitatum Vanitas!«, ist eine Kontrafaktur auf das bekannte Kirchenlied »Ich hab mein Sach Gott heimgestellt« und verspottet die Kriegermentalität, die letztlich das Nichts anbetet und dafür Leben und Gesundheit wagt. Solchen satirisch gemeinten Kontrafakturen ist Goethe im Januar 1806 bei der Lektüre des ihm gewidmeten ersten Bandes von Arnims und Brentanos Sammlung alter deutscher Lieder »Des Knaben Wunderhorn« mehrfach begegnet. Dieses Buch hat er am 21. und 22. Januar in der »Jenaischen Allgemeinen Literaturzeitung« zustimmend rezensiert. Im Zusammenhang mit der Rezension ist vermutlich auch das Gedicht »Vanitas! Vanitatum Vanitas!« entstanden. In ihrer Begeisterung über Goethes Zustimmung zu »Des Knaben Wunderhorn« haben die romantischen Herausgeber dieser Sammlung restaurierter alter deutscher Lieder nicht bemerkt, daß ihnen Goethe an einer zentralen Stelle seiner Rezension widersprochen hat. Er hat sich gegen ihre Mythisierung des Nationalen, auch und gerade in der Zeit des Zerfalls des alten Heiligen Römischen Reiches deutscher Nation, gegen ihre Sakralisierung des Volksgeistes gewandt. Achim von Arnim nämlich hatte seine und Brentanos Sammlung in einer »Aufforderung« genannten Anzeige unter anderem mit der Gründung des Rheinbundes (die seit Dezember 1805 zu beobachten war) gerechtfertigt und damit jenes nationale Element betont, das er selbst in seiner Abhandlung »Von Volksliedern« noch in einen europäischen Zusammenhang eingebettet hatte. »Wären die deutschen Völker in einem einigen Geiste verbunden«, heißt es in Arnims Anzeige des »Wunderhorns« in Beckers »Reichs-Anzeiger« vom 17. Dezember 1805, »sie bedürften dieser gedruckten Sammlungen nicht, die mündliche Überlieferung machte sie überflüssig; aber eben jetzt, wo der Rhein einen schönen Teil unsres alten Landes los löst vom alten Stamme, andere Gegenden in kurzsichtiger Klugheit sich vereinzeln, da wird es notwendig, das zu bewahren und aufmunternd

Des Knaben
Wunderhorn

Alte deutsche Lieder
L. Achim v. Arnim. Clemens Brentano.

Heidelberg, bey Mohr u. Zimmer.
Frankfurt bey J. C. B. Mohr
1806.

Abb. 3   Stichtitel zum ersten Band von Achim von Arnims und
Clemens Brentanos Sammlung »alter deutscher Lieder«. Als Radierer
dieses Titelblattes vermutet Heinz Rölleke den Zeichner und
Miniaturmaler Johann Christian Kuntze (1761-1832). Der Band,
der eine Revolution in der deutschen Lyrik ausgelöst hat, erschien
zur Herbstmesse 1805. In Goethes Rezension des Buches (im
Januar 1806) wurde Arnims und Brentanos Methode bei der
Herstellung der Sammlung (die der »Restauration und Ipsefacten«)
ausdrücklich gutgeheißen. Goethe meinte, selbst das in diesem
Buch »hie und da seltsam Restaurierte, aus fremdartigen Teilen
Verbundene, ja das Untergeschobene, [sei] mit Dank anzunehmen«.

auf das zu wirken, was noch übrig ist, es in Lebenslust zu erhalten und zu verbinden.« Goethe ermunterte wenige Wochen nach dieser »Aufforderung« die Herausgeber zu einem konsequent europäisch orientierten Band. »Brächten sie uns noch einen zweiten Teil dieser Art deutscher Lieder zusammen«, meinte er in seiner Rezension, »so wären sie wohl aufzurufen, auch was fremde Nationen, Engländer am meisten, Franzosen weniger, Spanier in einem anderen Sinne, Italiäner fast gar nicht, dieser Liedweisen besitzen, auszusuchen, und sie im Original und noch vorhandenen oder von ihnen selbst zu leistenden Übersetzungen darzulegen.« Das Archaisch-Rohe der »Wunderhorn«-Poesie hat Goethe bewundert. Der in solchen Liedern noch sichtbare Konflikt von Kunst und Natur, der einen unglaublichen Reiz habe, »selbst für uns, die wir auf einer höheren Stufe der Bildung stehen, wie der Anblick und die Erinnerung der Jugend fürs Alter hat«, hat ihn poetisch stimuliert. Die von Arnim gemeinte Ersatzfunktion solcher Sammlungen für die zerfallende politische Einheit der Deutschen aber hat ihn wenig interessiert. So ist es wahrscheinlich, daß er in seinem Kriegslied von 1806 den Landsknechtston des »Wunderhorn« parodiert hat.

Von den kriegerisch aufgeregten Zeitgenossen wurde er in dieser Kunsttendenz freilich nicht verstanden. In Weimar setzte sich sogar die Vorstellung fest, er habe in der letzten Strophe dieses Liedes eine Maxime seines Lebens ausgesprochen. »Ich werde immer mehr an den Sachen Anteil zu nehmen getrieben«, schrieb Charlotte Schiller am 2. Juli 1814 an die Erbprinzessin von Mecklenburg-Schwerin, »und für das Große der Menschheit bin ich noch angeregt. Aber der Meister [Goethe], fühlt man mit einer Art Schmerz, denkt von der Welt: ›Ich hab mein Sach auf nichts gestellt!‹ Wenn man in der Welt den Glauben ans Gute und Große verliert, so ist es auch für uns nicht da.« Weil dieses Lied im Weimarer Schreckensjahr erstmals erklungen ist und sich Goethe darin scheinbar mitleidlos von ihnen abgewandt hat, prägte sich Goethes Kriegslied den Menschen in Weimar ein:

Ich stellt' mein Sach auf Ruhm und Ehr.
Juchhe!
Und sieh! Gleich hatt' ein Andrer mehr.
O weh!
Wie ich mich hatt' hervorgetan
Da sahen die Leute scheel mich an,
Hatte Keinem Recht getan.

Ich setzt' mein Sach auf Kampf und Krieg.
Juchhe!
Und uns gelang so mancher Sieg.
Juchhe!
Wir zogen in Feindes Land hinein,
Dem Freunde sollt's nicht viel besser sein,
Und ich verlor ein Bein.

Nun hab' ich mein Sach auf Nichts gestellt.
Juchhe!
Und mein gehört die ganze Welt.
Juchhe!
Zu Ende geht nun Sang und Schmaus.
Nur trinkt mir alle Neigen aus;
Die letzte muß heraus!

4. Schicksalsdatum: 14. Oktober 1806

Nur eine knappe Viertelstunde hat Goethe bei seinen Mitt-
wochsvorlesungen (über Galvanismus und die Farbenlehre
in der ersten Hälfte des Jahres 1806) jeweils der Politik oder
den aktuellen Ereignissen gewidmet. Dann hat er sich ganz
der »Sache« zugewandt und von seinen Gästen das gleiche
erwartet. Es ist, als habe er, wie später noch häufiger, die Si-
tuation seiner »Unterhaltungen deutscher Ausgewanderten«
(1795) im eigenen Leben erprobt. Bei der gebildeten Konver-
sation dieser Emigranten ist bekanntlich das Donnern der Ka-
nonen im Hintergrund zu hören, aber die Tagespolitik dringt
nicht spaltend in das gesellige Gespräch ein. Nach Schillers
Tod also hat Goethe noch einmal mit seiner, Goethes, Varia-
tion von dessen »Ästhetischen Briefen« experimentiert, den
politischen Anlaß jeweils zum Ausgangspunkt des Gesprä-
ches gemacht, um anschließend den Parteigeist aus der Un-
terhaltung völlig auszuschließen. Schließlich schien auch in
Weimar der Tag, an dem »der Rauch bei Tage und die Flam-
men bei Nacht den Untergang unsrer Wohnungen und unsrer zurückgelassenen Besitztümer« ankündigten, nicht mehr
fern zu sein. Goethe hat sich in diesen Monaten, auch während einer Kur in Karlsbad (zwischen dem 29. Juni und dem
8. August), die ihm Linderung der Nierenleiden verschaffte,
betont mit naturwissenschaftlichen, mit mineralogischen und
geologischen, Phänomenen beschäftigt. Die Einordnung des
Menschenlebens in eine die Geschichte der Menschheit unendlich übersteigende Geschichte des Kosmos hat ihm eine
andere Perspektive auf die Leiden der Gegenwart gegeben
als sogar die Poesie. »Ich selbst dünkte mich glücklicher und

vornehmer durch die unzähligen Fäden, durch die wir mit Himmel und Erde zusammenhängen«, schrieb Henriette von Knebel, die im Januar 1806 unter Goethes Zuhörerinnen war.

Seit dem Frieden von Basel (1795) war das nördliche Deutschland von jenen Unruhen verschont geblieben, unter denen die süd- und die westdeutschen Staaten durch Kriege, Säkularisation und territoriale Umgestaltung zu leiden hatten. In relativer Ruhe und Sicherheit, scheinbar geschützt durch die Waffen Preußens, entwickelte sich hinter der – von Max Braubach so genannten – »Demarkationslinie« ein reiches geistiges Leben, das klassisch-romantische Jahrzehnt deutscher Kunst und Literatur. Doch auch im Friedensland wurde die Ausdehnung der französischen Einflußsphäre mit Argwohn beobachtet. Jeder Tag brachte den Krieg näher. Jede Etappe dieser Entwicklung hat Goethe in Tagebüchern und Briefen sorgfältig festgehalten: die Inflation, wodurch in Karlsbad (im Juli 1806) nach Österreichs Niederlage bei Austerlitz der mit Hartgeld bezahlende Gast bevorzugt wurde; die Unterzeichnung der Rheinbundakte durch sechzehn deutsche Fürsten am 16. Juli 1806. Seinen Titeln »Kaiser der Franzosen« (seit 1804) und »König von Italien« fügte Napoleon nun den Titel »Protektor des Rheinbunds« hinzu, was de facto die Auflösung der Reichseinheit bedeutete. »Nachricht von der Erklärung des rheinischen Bundes und dem Protektorat«, notierte Goethe in sein Tagebuch am 6. August 1806, »Reflexionen und Diskussionen.« An ebendiesem Tage legte der österreichische Kaiser Franz II. die Kaiserkrone des Römischen Reiches deutscher Nation nieder und entband alle Stände des Reiches von ihren Pflichten.

Noch freilich schien die Zeit für Witze und Späße nicht ent-
schwunden. Noch fanden Goethe und Riemer Fichtes Ich-
Philosophie in Napoleons »Taten und Verfahren« gespiegelt
und erfanden dem Protektor des Rheinbundes immer neue
Titel: »Wir Napoleon, Gott im Rücken, Mahomet der Welt,
Protektor von Deutschland, Setzer und Schätzer des empiri-
schen Universums usw.« Wie aufmerksam Goethe die Entste-
hung der patriotischen Bewegung in den deutschen Staaten
verfolgte, darüber gibt sein Brief an Alexander von Humboldt
vom 22. August 1806 Auskunft. Das Interesse der Zeitgenossen wandte sich zu dieser Zeit deutlich vom Friedensdenken
ab und dem wachsenden Unwillen über Fremdherrschaft
und deutsche Zersplitterung zu: »Übrigens verschlingt das
Schicksal des deutschen Vaterlandes alle Aufmerksamkeit
des Publikums. Müller, Genz, Arndt und andere rufen den
alten Patriotismus in sehr gelesenen Schriften vergebens an.«
Napoleons Antwort auf die von Goethe konstatierte Zeit-
tendenz ließ nicht lange auf sich warten. Am 26. August 1806
schuf der französische Kaiser durch die kriegsrechtlich begründete Erschießung des Buchhändlers Palm wegen Ver-
breitung der Schrift »Deutschland in seiner tiefsten Ernied-
rigung« der patriotischen Bewegung einen ersten Märtyrer.
Die Hierarchie der Werte wechselte unaufhaltsam von der
Erhaltung des Friedens zur Bewahrung von Ehre, Freiheit
und Unabhängigkeit. Am 9. August hat Preußen einen Teil
seiner Truppen mobilisiert, am 23. August hat Voigt in einem
Brief an Goethe noch die Möglichkeit eines Krieges zwischen Preußen und Frankreich und damit eine französische
Besetzung des Herzogtums Sachsen-Weimar bezweifelt, am
9. Oktober 1806 aber erließ König Friedrich Wilhelm III. von

Preußen das Kriegsmanifest, dem Sachsen, Braunschweig und Sachsen-Weimar sogleich beitraten. Die Wogen der Begeisterung schlugen hoch, und eine preußische Niederlage schien in diesem letzten Krieg der friderizianischen Armee so unmöglich, daß die Siegesnachrichten noch im Lande umliefen, als Napoleon, nach den gewonnenen Schlachten bei Jena und Auerstedt, bereits auf dem Wege nach Berlin war. »Wir Altpreußen«, erinnerte sich der damals in Münster lebende Christoph Wilhelm Heinrich Sethe, »sahen mit ungeduldiger Erwartung einer Siegesnachricht entgegen. Und sie kam – als Napoleon schon auf seinem Siegeszuge nach Berlin war, und sie trug so sehr das Gepräge der Wahrhaftigkeit, daß Präsident von Vincke die Bekanntmachung durch den Druck verfügte. Es war ein Jubel ohnegleichen, jeder eilte zum andern, um zuerst die frohe Nachricht zu überbringen. Aber die tiefste Niedergeschlagenheit folgte, der Kelch, den wir jetzt ausleeren mußten, wurde nach dem Taumel der Freude um so bitterer. Wenige Tage darauf erhielten wir durch Flüchtlinge nur zu gewisse Nachricht vom Verluste der Schlacht bei Jena.« Selbst in der Nähe des Schlachtfeldes, in Thüringen, war die Hoffnung auf einen preußischen Sieg groß. Johanna Schopenhauer berichtete am 6. Oktober aus dem von militärischem Getöse erfüllten Weimar an ihren Sohn Arthur über den Kampfesmut der preußischen Soldaten. Sie sehnten den Augenblick der Schlacht herbei und wurden von ihr dann doch überrascht. Niemand hatte vermutet, daß es noch in Thüringen zur Schlacht kommen würde, daß »der Krieg sich so in die Nähe zöge daß nahe bei der Stadt [Weimar] eine Schlacht gefochten würde«. Goethe freilich wurde von düsteren Vorahnungen heimgesucht, obwohl auch er den Kriegsschrecken nicht so nahe glaubte, wie er dann tatsächlich gewesen ist. Am 12. Oktober schüttete Charlotte von Stein ihrem Sohn Fritz ihr Herz aus. Goethe war ihr keine Stütze in den Nöten und den Ängsten dieser Tage; »die Franzosen«, so faßt sie Goethes Meinung zusammen, »hätten ja schon längst die Welt überwunden, es brauchte kein[en] Bonaparte. Die Sprache, Kolonien von Refugiés, Emigrierte, Kammerdiener, Köche, Kaufleute usw., alles dies hinge an ihrer Nation, und wir wären verkauft und verraten«. Jena soll er in einer Vision mehrfach brennend gesehen haben und deshalb rechtzeitig vor der Schlacht und der Plünderung der herzoglich weimarischen Städte nach Weimar zurückgegangen sein, »wo seine Gegenwart auch ohne allen Zweifel Ursache war, daß sein Haus von Plünderungen verschont geblieben«.

Die Vorhut des Hohenloheschen Korps der preußischen Armee stand damals unter dem Befehl des bei der Erstürmung der Zahlbacher Schanzen vor Mainz 1792 erprobten Prinzen Louis Ferdinand. Goethe kannte ihn seit der Campagne in Frankreich in ebendiesem Jahr 1792. Im Dezember 1805 hatte er in einer Nacht in Jena, am Bett des Prinzen sitzend, mit ihm Freundschaft geschlossen. Der Herzog von Weimar, der dem Trinkgelage dieser Nacht nicht gewachsen war, hatte sich damals früh zurückgezogen und später immer wieder gern davon erzählt. Es sei um die Wette getrunken worden, berichtete er, »und Goethe blieb nichts schuldig; er konnte fürchterlich trinken«. Noch am 3. Oktober 1806 hat Prinz Louis Ferdinand Goethe in Weimar besucht. Am 10. Oktober stieß die 8 000 Mann umfassende Vorhut des Hohenloheschen Korps bei Saalfeld auf die zahlenmäßig weit überlegenen Franzosen. Der enthusiastische Prinz suchte, entgegen

Abb. 4   Prinz Friedrich Ludwig Christian von Preußen, genannt Louis Ferdinand (1772-1806), Gemälde von Steuben. Er war schon am Ende des 18. Jahrhunderts Mittelpunkt eines Kreises von Offizieren, die gegen die Friedenspolitik des preußischen Königs (Friedrich Wilhelm III.) frondierten. Theodor Fontane hat in »Schach von Wuthenow. Erzählung aus der Zeit des Regiments Gensdarmes« (1882) die Stimmung, die in diesem Offizierskreis herrschte, meisterlich dargestellt. Es war die Stimmung des »Gesellschaftsgötzen« der falschen Ehre, an der Preußen ebenso zugrunde gegangen ist wie Prinz Louis. 1857 schon hat Fontane in dem Gedicht »Prinz Louis Ferdinand« dem Mythos dieses letzten Prinzen des friderizianischen Preußen gehuldigt: »Sechs Fuß hoch aufgeschossen, / Ein Kriegsgott anzuschaun, / Der Liebling der Genossen, / Der Abgott schöner Fraun, / Blauäugig, blond, verwegen, / Und in der jungen Hand / Den alten Preußendegen – / Prinz Louis Ferdinand.«

strengem Befehl, das Gefecht. Seine Armeegruppe wurde vernichtet, er selbst fiel im Nahkampf. Im Unterschied zu der sich sammelnden Freiheitsbewegung haben die Zeitgenossen mit kühlerem Verstand die von dem Prinzen bei der Annahme dieses Gefechts begangene Befehlsverweigerung verurteilt. Christian August Ludwig Massenbach zum Beispiel bemerkt in den 1809 erschienenen »Historischen Denkwürdigkeiten zur Geschichte des Verfalls des preußischen Staats«, dieser Fürst habe die Truppen, die er führte, und sich selbst »ohne allen Zweck aufgeopfert. Er ist nicht den Tod des Heroismus, er ist den Tod der Verzweiflung gestorben. Seine Tat verdient kein Lob, keine Bewunderung; sie verdient Tadel.« In seinem letzten Drama »Prinz Friedrich von Homburg« (1811) hat Heinrich von Kleist zwar ein anderes Urteil über die seit 1809 im preußischen Staat um sich greifenden Insubordinationen gefällt, dies aber im Rahmen jener utopischen Vision eines menschlichen Staates, die Bertolt Brecht wie ein Traum in »preußisch-blauer Nacht« vorgekommen ist. »Freitag um 9 Uhr früh das Treffen zwischen Saalfeld und Rudolstadt«, notierte Goethe am 10. Oktober in sein Tagebuch. »Prinz Louis kam um.« Vier Tage später stieß die von dem Fürsten Hohenlohe geführte Armeegruppe bei dem Versuch, sich der Einkesselung durch die Franzosen zu entziehen, bei Jena auf Napoleon. »Früh Kanonade bei Jena«, heißt es in Goethes Tagebuch an diesem schicksalsträchtigen 14. Oktober 1806, »darauf Schlacht bei Kötschau. Deroute der Preußen. Abends um 5 Uhr flogen die Kanonenkugeln durch die Dächer. Um ½ 6 Uhr Einzug der Chasseurs. 7 Uhr Brand, Plünderung, schreckliche Nacht. Erhaltung unseres Hauses durch Standhaftigkeit und Glück. Lieutenant Noisin.«

Abb. 5 Napoleon I. Bonaparte, seit 1804 (bis 1815)
Kaiser der Franzosen. Vergoldete Bronzestatuette aus
Goethes Besitz. Am 2. Oktober 1808 ist Goethe, der im
Gefolge des Herzogs Carl August am Erfurter Fürstentag
teilnahm, Napoleon zum erstenmal und nochmals am
6. Oktober begegnet. Am 14. Oktober wurde Goethe der
Orden der Ehrenlegion verliehen. Um seine Begegnungen
mit Napoleon ranken sich Legenden, weil es von den
Teilnehmern an den Audienzen (auch von Goethe selbst)
unterschiedliche Berichte gibt.

Abb. 6   Durchzug der preußischen Gefangenen vom
Hohenloheschen Korps nach Frankreich. Leipzig 1806.
Kolorierter Kupferstich von Christian Gottfried Heinrich
Geißler (1770-1844), der als »Zeichner der Leipziger
Völkerschlacht« bekannt wurde. Von ihm stammt auch die
berühmte Federlithographie von der Hinrichtung Woyzecks
in Leipzig am 27. August 1824. Das Bild der preußischen
Gefangenen ist enthalten in Gustav Freytag: »Bilder aus der
deutschen Vergangenheit«, Bd. V. Aus neuer Zeit 1700-1848.
Leipzig o.J., S. 414.

Am selben Tag, als Napoleon die Preußen bei Jena besiegte, stieß die preußisch-sächsische Hauptarmee bei Auerstedt mit dem von Marschall Davout geführten Heeresteil der Franzosen zusammen. Schon zu Beginn der Schlacht wurde der Herzog von Braunschweig, der Führer der preußischen Hauptarmee und Bruder der weimarischen Herzogin-Witwe Anna Amalia, durch beide Augen geschossen. Auch Scharnhorst, der als Oberst im Generalstab dem Herzog zur Seite stand, konnte die Niederlage des führerlos gewordenen Heeres nicht mehr aufhalten. Manche schreiben ihm sogar eine Mitschuld an der Niederlage zu. Die preußisch-sächsischen Truppenverbände lösten sich bei Jena ebenso wie bei Auerstedt in panikartiger Flucht auf, die umgebenden Städte füllten sich mit Verletzten, mit Sterbenden, mit Flüchtlingen. Am 15. Oktober bereits kam Napoleon in Weimar an, wo er bis zum 17. Oktober kampierte. Am 27. Oktober zog er in das von der königlichen Familie verlassene Berlin ein. Die berühmte Parole, die der Berliner Stadtkommandant Friedrich Wilhelm Graf von der Schulenburg – ganz im Tenor des aufgeklärten Absolutismus – nach der Schlacht bei Jena und Auerstedt erlassen hat, kennzeichnet die auf den militärischen Zusammenbruch erfolgende moralische Niederlage des friderizianischen Preußen. Sie ist in Deutschland sprichwörtlich geworden: »Der König hat eine Bataille verloren. Jetzt ist Ruhe die erste Bürgerpflicht. Ich fordere die Einwohner Berlins dazu auf. Der König und seine Brüder leben! Berlin, den 17. Oktober 1806.« In der Zeit der Volksheere versteifte sich dieser preußische Offizier auf einen Kabinettskrieg.

Über die Vorgänge in Weimar in der Nacht vom 14. auf den 15. Oktober 1806 wissen wir von Goethe selbst nur wenig.

Nach Riemers Mitteilungen soll Goethe durch marodieren-
de und plündernde Soldaten der französischen Armee in Lebensgefahr geraten sein, aus der ihn seine Frau gerettet habe.
Die in Weimar über die Nacht der Plünderung umlaufenden
Gerüchte hat am bündigsten, allerdings nach Hörensagen,
der Anatom Justus Christian Loder zusammengefaßt: »Goethe ward allerdings geplündert, und ein paar brutale Kerls
drangen mit ihren Degen auf ihn ein und hätten ihn vielleicht
umgebracht oder wenigstens verwundet, wenn die Vulpius
sich nicht auf ihn geworfen und ihn teils dadurch, teils durch
einige silberne Leuchter, die sie sogleich hergab, gerettet hätte.« Über die Schreckensnacht und die ihr folgenden Tage,
an denen wie zum Hohn ein strahlend blauer Himmel über
Weimar lachte, sind wir anschaulich durch einen langen Brief
Johanna Schopenhauers an ihren Sohn vom 18. und 19. Oktober 1806 unterrichtet. Der in mehreren Abschriften kur-
sierende Brief wurde von Adele Schopenhauer zuerst 1838
veröffentlicht. Er wurde am Hochzeitstag Goethes mit Christiane Vulpius beendet und ist noch ganz erfüllt von über-
standener Todesnot, von den Schrecken der Straßenkämpfe
in Weimar, des Artilleriebeschusses, der brennenden Vor-
stadt, der Plünderung und der trunkenen Siegesfeier von Napoleons Soldaten. Diese Armee gewann ihre Beweglichkeit
dadurch, daß sie ohne Depots und »ohne alles Gepäck« mar-
schierte, deshalb aber wie ein Heuschreckenschwarm – zu-
mal nach gewonnener Schlacht – über die Gegenden herge-
fallen ist, die sie durchzogen hat, in denen sie kampierte und
kämpfte. »Die Greuel, die verübt wurden sind unbeschreib-
lich, das Plündern währte 2 Nächte und einen Tag«, berichtet
Johanna Schopenhauer am 26. Oktober 1806, »die letzte Zeit

waren wir unter Derniers Schutz sicher. Allen Städten durch die die Armee ging ist es wie uns ergangen; so führt man jetzt Krieg.« In der Nacht vom 14. auf den 15. Oktober 1806 jedenfalls war auch Weimar, wie Jena und Halle, den Soldaten Napoleons zur Plünderung freigegeben; »die Offiziere und die Kavallerie blieben frei von den Greueln und taten was sie konnten um zu schützen und zu helfen«, ist bei Johanna Schopenhauer zu lesen, »aber was konnten sie gegen 50 000 wütende Menschen die diese Nacht hier frei schalten und walten durften [...] am besten kamen die fort die wie wir, Mut genug hatten keine Angst zu zeigen, der Sprache und der französischen Sitte mächtig waren, darunter gehört Goethe, der die ganze Nacht in seinem Hause die Rolle spielen mußte, die bei mir Sophie u[nd] Conta [die Bediente und ein Freund des Hauses] spielten«.

Dies bedeutet wohl, daß Goethe in der Schreckensnacht gute Miene zum bösen Spiel machen, den bei ihm eindringenden und den ständig an das Tor pochenden, Brot und Wein und Geld fordernden Soldaten ihren Willen tun mußte. In dieser Nacht hat Charlotte von Stein all ihr Hab und Gut verloren, mußte Wieland unter den Schutz des Generals Denon gestellt werden, flüchtete Caroline Herder ins herzogliche Schloß, »bei ihr ist alles zerstört, und was unersetzlich ist, alle nachgelassenen Manuskripte des großen Herders, die sie mitzunehmen vergaß sind zerrissen und zerstreut«. In Goethes Haus hatte sich vom 15. bis zum 17. Oktober auch sein Schwager Christian August Vulpius, der Verfasser des Bestsellers »Ronaldo Ronaldini« (1798), mit seiner Familie geflüchtet. Dessen Haus wurde von sechzehn Marodeuren verwüstet. Auch Johann Heinrich Meyer, seit 1806 Professor und Direktor des weimarischen Freien Zeicheninstituts, mußte sein Haus den Plünderern überlassen, weil die davor zurückgelassenen preußischen Pulverwagen zu explodieren drohten. Er flüchtete sich in das Haus der Eltern seiner Frau (Amalie von Koppenfels), »auch hierher drangen die Unholde, raubten alles, trieben zuletzt mit Gewalt die unglückliche Familie zum Hause hinaus«. Goethe sagte zu Johanna Schopenhauer, er habe nie ein größeres Bild des Jammers gesehen, als Herrn von Koppenfels, einen alten kränklichen, ordnungsliebenden Mann, »im leeren Zimmer [sitzend] rund um ihn alle Papiere zerrissen und zerstreut, er selbst saß auf der Erde kalt und wie versteinert, Goethe sagte, er sah aus wie König Lear, nur daß Lear toll war, und hier war die Welt toll«. Im Unterschied zu vielen seiner Freunde und Bekannten hat Goethe tatsächlich Glück im Unglück gehabt. »Meine Schwester stand [uns] bei«, schrieb Vulpius an Nikolaus Meyer, »aber – dem Geheimen Rat selbst hat es über 2000 Taler gekostet; allein zwölf Eimer Wein. Er ist nicht geplündert. Den ersten Abend hat er's mit Wein und Klugheit abgewendet; dann bekam er Sauvegardes, da die General Victor, Marschälle Ney, Lannes, Augereau und andere Offiziere bei ihm logierten; zuweilen 28 Betten in seinem Hause.«

Trotzdem hat Goethe die Plünderung Weimars als das Ende einer Epoche des Friedens und der Sicherheit erfahren. Das Bewußtsein der Todesnähe und der Zerbrechlichkeit aller menschlichen Dinge ist seither nicht mehr von ihm gewichen. »Wer«, soll er in diesen Tagen ausgerufen haben, »nimmt mir Haus und Hof ab, damit ich in die Ferne gehen kann?« Und die verzweifelte Bitte um Nachricht von den Freunden in Jena, um die er am Samstag, dem 18. Oktober 1806, durch einen Boten gebeten hat, ist einer der persönlichsten Briefe, die er je geschrieben hat: »Was mich betrifft, so sind wir durch viel Angst und Not auf das glücklichste durchgekommen. In meinem Hause ist nichts versehrt, ich habe nichts verloren. Die Herzogin ist wohl und hat sich auf eine Weise betragen, welche zur höchsten Bewunderung auffodert. Mit Wieland habe ich gestern beim Stadtkommandanten gespeist. Der gute Alte ist auch glücklich durchgekommen. Das Schloß ist unversehrt. Dies verdanken wir allein unserer Fürstin. Nichts weitere bin ich im Stande hinzuzusetzen.«

Während die herzogliche Familie rechtzeitig vor der Schlacht und der anschließenden Plünderung aus Weimar geflohen war, Carl August selbst mit seinem vierzehnjährigen zweiten Sohn, dem Prinzen Bernhard, bei der Armee stand, war Carl Augusts Frau, Herzogin Luise, allein in Weimar zurückgeblieben. Mit erst achtzehn Jahren war sie 1775 als Frau des sieben Monate jüngeren Herzogs nach Weimar gekommen und hatte in einer unglücklichen Ehe dort ausgeharrt, auch als sich Carl August immer enger an seine Mätresse, die Schauspielerin Caroline Jagemann, angeschlossen, sich ihr 1801 sogar »zu linker Hand« verbunden hatte. Caroline Jagemann war im Oktober 1806 hochschwanger. Auch ihr Haus wurde ein Opfer der Plünderungen. Ihr und Carl Augusts Sohn, der auf die Namen Carl Wolfgang getauft wurde und den Goethe als Pate aus der Taufe gehoben hat, kam am 25. Dezember 1806 zur Welt. Goethe meldete die Geburt sogleich dem Großherzog: »Ew Durchlaucht hätte so gern schon lange nach so manchen Übeln ein erfreuliches Wort zugerufen, aber erst heute gefällt es dem kleinen Ritter seinen Wolfsgang in's Leben anzutreten. Er scheint gesund und wacker, brav wird

Abb. 7   Henriette Caroline Friederike Jagemann (1777-1848),
Pastellbildnis von Louise Seidler. Die Schauspielerin Caroline
Jagemann wurde 1801 die »Nebenfrau« des weimarischen Herzogs
Carl August, der diese Verbindung durch die Nobilitierung der
Schauspielerin zur Frau von Heygendorff 1809 legalisierte. Obwohl
der Herzog mit ihr zwei Söhne und eine Tochter hatte, wurde die
Liaison von der weimarischen Hofgesellschaft ähnlich kritisiert wie
die Ehe Goethes mit Christiane Vulpius. Vgl. dazu die Memoiren
der Caroline Jagemann: *Selbstinszenierungen im klassischen Weimar:
Caroline Jagemann.* Hg. und untersucht von Ruth B. Emde. 2 Bde.
Göttingen 2004.

er auch werden; denn so hat er sich schon verbunden mit der Mutter in jenen Schreckenszeiten gehalten.« Als Napoleon am 15. Oktober 1806 im herzoglichen Schloß zu Weimar angekommen war, soll ihm die allein zurückgebliebene Herzogin Luise mit ruhiger Würde entgegengetreten sein und auf seine herrische Frage: »Wo ist der Herzog?« geantwortet haben: »An der Stätte seiner Pflicht.« Der Wirkung dieser Szene schrieben es die Bewohner Weimars zu, daß ihre Stadt nicht an allen Ecken angezündet und verbrannt wurde. Seit ihrem 17. Lebensjahr, so berichtet Ernst Beutler, war »die junge Fürstin – und sie empfand das bitter – durch die Straßen ihrer eigenen Residenzstadt [gegangen] wie eine Fremde, eine Unbekannte, bis die Ereignisse des Jahres 1806 sie zur gefeiertsten Frau des Landes machten. Doch da war sie fast fünfzig Jahre alt und über drei Jahrzehnte in Weimar.« Im Grunde blieben ihr bis zu ihrem Tod 1830 nur zwei Freunde in der Stadt: Charlotte von Stein und Goethe. Goethe hat der Herzogin immer wieder, ohne seine Loyalität dem herzoglichen Freund gegenüber zu verletzen, gehuldigt und ihr eine unerschütterliche Sympathie bewahrt. Die ihr gewidmeten Weimarer Erstaufführungen, jeweils am 30. Januar, dem Geburtstag der Herzogin, waren stets herausragende Theaterereignisse. Unter der Gestalt der Eleonore hat Goethe die Herzogin in sein Schauspiel »Torquato Tasso« eingeführt, und Beutler behauptet, auch das fünfte Distichon aus dem Frühlingsteil der »Vier Jahreszeiten« (1815) sei ihr gewidmet:

Eine kannt' ich, sie war wie die Lilie schlank,
und ihr Stolz war Unschuld;
herrlicher hat Salomo keine gesehn.

Abb. 8 Die Herzoginnen von Weimar Anna Amalia (sitzend)
und Luise Auguste, geb. Prinzessin von Hessen-Darmstadt
(zweite von links) mit der Hofdame Luise von Göchhausen.
Getuschte Silhouette aus Goethes Besitz. Luise von Sachsen-
Weimar (1757-1830) wurde 1775 die Gattin von Herzog Carl
August von Sachsen-Weimar (1757-1828).
Sie blieb am weimarischen Hof (auch der Schwiegermutter und
dem Gatten gegenüber) eine Fremde. Goethe aber war ihr, seit
der ersten Begegnung mit der »jungen Darmstädter Prinzeß«
(in Frankfurt, im Mai 1773), zeitlebens »treu ergeben«.

Zum Tode Carl Augusts im Juni 1828 hat sich Goethe für die Herzogin nur wenige Kondolenzzeilen abgerungen, ist aber mit ihr anschließend in seinem Hause zusammengetroffen. »Über die Begegnung [...] berichtet uns Ottilie von Goethe, sie habe nach dem Weggang der Herzogin den Alten im Lehnstuhl sitzend gefunden, ergriffen vor sich hinmurmelnd: ›Welch’ eine Frau, welch’ eine Frau!‹« Als die Großherzogin infolge eines Unfalls im Februar 1830 im Sterben lag, soll Goethe »trostlos« gewesen sein. Am 14. Februar 1830 ist Luise von Sachsen-Weimar-Eisenach in Weimar gestorben. Goethe hat sich in »seine Hauptlebensregel« geflüchtet. »Im Augenblick der Prüfung«, hat er zu Soret gesagt, »sei es Pflicht, sich und andere durch Arbeit zu zerstreuen: ›denn da man nun einmal noch am Leben ist‹, so lauteten seine Worte, ›muß man sich wohl oder übel damit abfinden‹.«

5. Der panische Lebensschrecken

Seinen und Christianes Trauring hat Goethe »vom 14. Oktober [1806]« datiert. Am 19. Oktober, einem Sonntag, wurden er und Christiane Vulpius, die offiziell als seine Haushälterin galt, von dem Weimarischen Hofprediger Wilhelm Christian Günther in der Garnison- und Hofkirche St. Jakob getraut. Trauzeugen waren sein Sohn, der knapp siebzehnjährige August, und dessen Hauslehrer Friedrich Wilhelm Riemer. Der Ort der Trauung war eine Kirche, »wo Tote, Verwundete tags vorher lagen, wo man sicher erst alle Spuren der vorhergehenden Tage sorglich verwischt hatte«. Am 17. Oktober, einem Freitag, kaum dem Schlimmsten entronnen, hatte Goe-

Abb. 9   Die Stadtkirche St. Jakob in Weimar, in deren Sakristei
Goethe mit Christiane am 19. Oktober 1806 getraut wurde. In dieser
Sakristei war schon August Goethe am 27. Dezember 1789 getauft
worden. Auf dem Friedhof dieser ältesten Kirche Weimars wurden
später Christiane von Goethe und Goethes Freund, der Minister
Christian Gottlob Voigt, begraben. Im Trauregister der Kirche ist im
Oktober 1806 verzeichnet: »Se: Excellenz, Herr Johann Wolfgang
von Goethe, Fürstl. Sächs. Geheimer Rath allhier mit Demoisell
Johanna Christiana Sophia geb. Vulpius, des weil. Herr Johan
Friedrich Vulpius Fürstl. Sächs. Amts. Copistens allhier hinter-
lassene älteste Tochter, sind Dom: XX post Trinitatis, als den
19 Octobr in allhiesiger Fürstl. Hofkirchen Sacristey von dem
Herrn Oberkonsist. Rath Günther in der Stille copulieret worden.«

the dem Hofprediger die Absicht der Hochzeit angekündigt und um raschen Vollzug – »Sonntag, oder vorher« – gebeten. Kein Wunder, daß ganz Weimar diesen Schritt für überstürzt gehalten hat, daß trotz der seit 18 Jahren währenden Gewissensehe die öffentliche Legitimation dieses Zusammenlebens Skandal und üble Nachrede erregt hat! »Ich habe nicht Glück wünschen können wie andere und schwieg lieber«, schrieb Charlotte Schiller an Fritz von Stein am 24. November 1806. »Es war etwas Unberechnetes in diesem Schritt, und ich fürchte, es liegt ein panischer Schrecken zum Grund, der mir des Gemüts wegen wehe tut, das sich durch seine eigene große Kraft über die Welt hätte erheben sollen.« Niemals in seinem Leben fühlte sich Goethe offenkundig dem Tode so nahe, wie an diesem 14. Oktober 1806. Der von Charlotte Schiller konstatierte »panische Schrecken« hat von nun an als ein dunkler Unterton sein Leben begleitet. Vermutlich hat Martin Walser, in seinem Eckermann-Drama »In Goethes Hand« (1982), der in Weimar und seither auch in der Goethe-Literatur verbreiteten Stimmung über diese Verbindung und diese Hochzeit am eindrucksvollsten Ausdruck gegeben, wenn er Goethes Schwiegertochter, noch gegen Ende 1848, die Worte in den Mund legt: » […] mein Gott, dieser Aristokrat, dieser Jupiter, und dann bindet er sich für immer auf das Proletenflittchen, eine Katastrophe mythologischen Ausmaßes, Frau von Pogwisch, meine Mutter, geborene Gräfin Henckel-Donnersmarck, hatte den fürchterlichen Mut, es auszusprechen: daß Augusts Mutter ouvrière war, wiegt kein Goethe auf.«
Wie dem auch sei, in Cottas »Allgemeiner Zeitung« jedenfalls erschienen am 24. November und am 18. Dezember zwei Notizen, die alle diese Gefühle hämisch in sich vereinten.

44

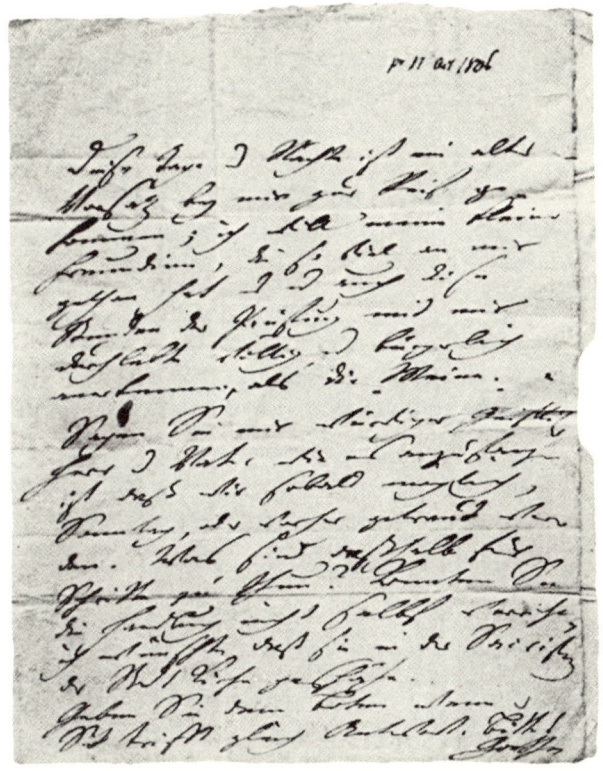

Abb. 10   Goethes Brief an den Hofprediger Wilhelm Christoph
Günther vom 17. Oktober 1806 mit der Bitte, ihn und Christiane
Vulpius zu trauen: »Sagen Sie mir würdiger geistlicher Herr und
Vater wie es anzufangen ist, daß wir sobald möglich, Sonntag, oder
vorher getraut werden. Was sind deßhalb für Schritte zu thun?
Könnten Sie die Handlung nicht selbst verrichten, ich wünschte daß
sie in der Sakristey der Stadt Kirche geschähe. / Geben Sie dem
Boten wenn er Sie trifft gleich Antwort. Bitte! / Goethe«. Günther
(1755-1826) war seit 1801 Konsistorialrat und Hofprediger in
St. Jakob in Weimar. Goethe wohnte in seinem Sprengel.

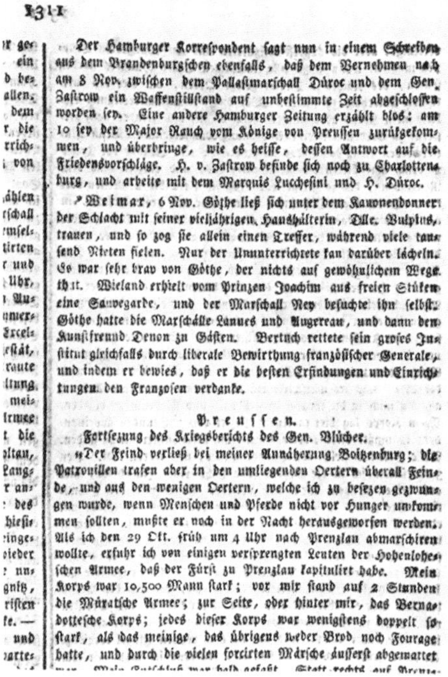

1311

Der Hamburger Korrespondent sagt nun in einem Schreiben aus dem Brandenburgschen ebenfalls, daß dem Vernehmen nach am 8 Nov. zwischen dem Pallastmarschall Düroc und dem Gen. Zastrow ein Waffenstillstand auf unbestimmte Zeit abgeschlossen worden sey. Eine andere Hamburger Zeitung erzählt blos: am 10 sey der Major Rauch vom Könige von Preussen zurükgekommen, und überbringe, wie es heisse, dessen Antwort auf die Friedensvorschläge. H. v. Zastrow befinde sich noch zu Charlottenburg, und arbeite mit dem Marquis Lucchesini und H. Düroc.

*Weimar, 6 Nov. Göthe ließ sich unter dem Kanonendonner der Schlacht mit seiner vieljährigen Haushälterin, Dlle. Vulpius, trauen, und so zog sie allein einen Treffer, während viele tausend Nieten fielen. Nur der Ununterrichtete kan darüber lächeln. Es war sehr brav von Göthe, der nichts auf gewöhnlichem Wege thut. Wieland erhielt vom Prinzen Joachim aus freien Stüken eine Sauvegarde, und der Marschall Ney besuchte ihn selbst. Göthe hatte die Marschälle Lannes und Augereau, und dann den Kunstfreund Denon zu Gästen. Bertuch rettete sein groses Institut gleichfalls durch liberale Bewirthung französischer Generale, und indem er bewies, daß er die besten Erfindungen und Einrichtungen den Franzosen verdanke.

Preussen.

Fortsezung des Kriegsberichts des Gen. Blücher.

„Der Feind verließ bei meiner Annäherung Boitzenburg; die Patrouillen trafen aber in den umliegenden Oertern überall Feinde, und aus den wenigen Oertern, welche ich zu besezen gezwungen wurde, wenn Menschen und Pferde nicht vor Hunger umkommen sollten, mußte er noch in der Nacht herausgeworfen werden. Als ich den 29 Okt. früh um 4 Uhr nach Prenzlau abmarschiren wollte, erfuhr ich von einigen versprengten Leuten der Hohenlohe'schen Armee, daß der Fürst zu Prenzlau kapitulirt habe. Mein Korps war 10,500 Mann stark; vor mir stand auf 2 Stunden die Müratsche Armee; zur Seite, oder hinter mir, das Bernadottesche Korps; jedes dieser Korps war wenigstens doppelt so stark, als das meinige, das übrigens weder Brod noch Fourage hatte, und durch die vielen forcirten Märsche äusserst abgemattet

Abb. 11 Die Nachricht von Goethes Hochzeit in der »Allgemeinen Zeitung« vom 24. November 1806 (unter dem Datum: Weimar, 6. Nov.). Der süffisante Ton entspricht der gereizten Stimmung in Weimar, die selbst bei August von Goethes Tod ausgebrochen ist. An ihre Tochter Julie schreibt Henriette von Beaulieu (vorm. von Egloffstein) am 11. November 1830, als August Kestners Nachricht dieses Todes in Weimar angekommen ist: »Der Sohn einer frühern, unschuldigen Geliebten muß dem verwilderten einzigen Zweig einer unrechtmäßigen Verbindung die letzten Dienste leisten.« August Kestner, hannoveranischer Gesandter beim Heiligen Stuhl in Rom, war der Sohn von Charlotte Kestner, geb. Buff, dem Urbild der Lotte in Goethes »Die Leiden des jungen Werthers«.

Informant war in beiden Fällen Goethes Neider Karl August Böttiger, der wiederum seine Weisheit, bis in die Formulierungen hinein, von dem Jenaer Kunsthistoriker Carl Ludwig Fernow bezog. Dieser entpuppte sich damit als einer der vielen falschen Freunde Goethes. Unter dem Datum des 6. November 1806 war in der »Allgemeinen Zeitung« am 24. November die Notiz zu lesen: »Göthe ließ sich unter dem Kanonendonner der Schlacht mit seiner vieljährigen Haushälterin, Dlle. Vulpius, trauen, und so zog sie allein einen Treffer während viele tausend Nieten fielen. Nur der Ununterrichtete kann darüber lächeln. Es war sehr brav von Göthe, der nichts auf gewöhnlichem Wege tut.« Und am 18. Dezember schrieb die gleiche Zeitung in einem Sensationsbericht über die Schreckenstage in Weimar mit Bezug auf Goethes Schwager und seinen Bestseller: »Unserm famösen Romanfabrikanten V[ulpiu]s ist es auch scharf ans Leben und seiner Frau ans Notzüchtigen gegangen; aber wenn es traurig ist dergleichen zu erleben, so ist es eine Wonne, ihn die Szene erzählen zu hören. In jenen Momenten ist die Gebärmutter seines Geistes aus der schon so viele Räuber und Ungeheuer hervorgiengen, gewiß aufs neue zu einem Dutzend ähnlicher Schöpfungen geschwängert worden, die in den nächsten Messen wie junge Ferkel herumgrunzen werden.« Derartige Infamien wurden selbst dem in vielen Presseschlachten erprobten Goethe zuviel. Am Weihnachtsabend des Jahres 1806 diktierte er einen Brief an seinen Verleger Cotta, in dessen Verlag auch die »Allgemeine Zeitung« erschien. Den Brief hat er dann nicht abgesandt, sondern anderntags durch ein kurzes eigenhändiges Schreiben ersetzt. In dem kurzen Brief vom 25. Dezember steht nur noch die Bitte, dem Treiben gegen Weimar, gegen Goethe und seine Familie, durch ein Machtwort des Verlegers ein Ende zu setzen, aber auch die Drohung, daß anderenfalls »diese unwürdigen Redereien [...] sehr bald ein wechselseitiges Vertrauen zerstören müßten«. Der diktierte Brief vom 24. Dezember 1806 enthält die bemerkenswerte Passage, daß die Deutschen, zu deren Ansehen in der gebildeten Welt er [Goethe] nicht unwesentlich beigetragen hatte, es ihm schuldig seien, seine Schritte ernst zu nehmen: »Ich bin nicht vornehm genug, daß meine häuslichen Verhältnisse einen Zeitungsartikel verdienten, soll aber was davon erwähnt werden, so glaube ich, daß mein Vaterland mir schuldig ist, die Schritte die ich tue ernsthaft zu nehmen: denn ich habe ein ernstes Leben geführt und führ' es noch.« Das war nicht nur an Cotta geschrieben, sondern auch und gerade an die Umgebung in Weimar, und vielleicht hat Goethe deshalb diesen Brief nicht abgesandt.

In Gedanken hatte er sich offenkundig schon vor den Verleumdungen in Cottas Blättern mit seiner nach Schillers Tod immer stärker angefochtenen Stellung in seinem »Vaterland« befaßt. Carl Ludwig Fernow berichtet von einem Gespräch mit Goethe am 30. November 1806, in dem dieser die Literatur als die einzige der Achtung noch werte Leistung der Deutschen bezeichnete. Goethe hat die von Schiller 1785 im »Brief eines reisenden Dänen« gleichsam nebenher erwähnte, dann weit verbreitete klassizistische Dekadenztheorie, wonach »die schöne Kunst Griechenlands über das [politische] Schicksal einer ganzen Erdkugel« ihren Triumph gefeiert habe, in diesem Gespräch sehr genau ins Politische und Aktuelle gewendet: »Besonders müsse man in Sachsen, welches vor vielen anderen geschont worden ist, jetzt mehr als je zusammenhalten, da Dresden, Leipzig, Jena und Weimar künftig leicht der Hauptsitz der germanischen Geisteskultur im nördlichen Deutschland bleiben dürften, wie sie es ja auch schon früher größtenteils gewesen seien. Alle die Neckereien, welche ehemals in Zeiten der Ruhe und friedlicher Verhältnisse [...] unschädlich gewesen, würden jetzt höchst nachteilig werden, wenn sie dazu beitragen könnten, daß die Franzosen die einzige Achtung für unsere Kultur und unser geistiges Streben, wovon sie jetzt als Augenzeugen genauer und besser als je unterrichtet werden können, verlieren müßten.« Auf Napoleon selbst hat sich Goethe in dem Gespräch mit Fernow berufen. Dieser soll den Schweizer Historiker Johannes Müller gefragt haben, »ob denn Weimar auch in Deutschland wegen seiner höheren Bildung in demselben Ansehen stehe, wie bei den französischen Gelehrten?«. Das Gespräch mit Fernow also war ein Vorklang der Unterredung Goethes mit Napoleon auf dem Erfurter Fürstentag 1808. Bei dieser Audienz hat es der hier bewußt deutsche Dichter abgelehnt, der Hofhistoriograph des Kaisers der Franzosen zu werden und dessen Caesaren-Ruhm zu beschreiben.

Es ist viel gerätselt worden, weshalb Goethe den Untergangstag des alten Preußen zu seinem Hochzeitstag gewählt hat. Die alte preußisch-sächsische Rivalität allein konnte es nicht sein, obwohl Goethe vom Gedanken der Kulturkonkurrenz offenkundig nicht frei war und sich betont in der kulturellsächsischen, nicht in der kriegerischen Tradition Preußens gesehen hat. Die von Goethe selbst gegebenen Erklärungen, eine Mischung aus persönlichen und staatsmännischen Motiven, reichen im Grunde aus, um diesen Schritt, auch in seiner Plötzlichkeit, zu begründen. Er wollte seine »kleine Freundin«, die so viel an ihm getan »und auch diese Stunden der Prüfung mit [ihm] durchlebte völlig und bürgerlich anerkennen, als die Meine«. Er wollte in der Stunde der Auflösung aller bürgerlichen Sicherheiten, inmitten des staatlichen und politischen Ruins ein sichtbares Zeichen für die Anerkennung der staatserhaltenden Institutionen, wie es die Ehe nun einmal ist, setzen. Er wollte seine Lebensgefährtin und seinen Sohn auch für den Fall versorgt wissen, daß er selbst in den Wirren der Zeit zu Tode kommen sollte. Er wollte seiner Frau jetzt – endlich – die öffentliche Anerkennung verschaffen, die ihr lange Jahre vorenthalten worden war, eine Anerkennung, die mit der Einführung in die gute Gesellschaft Weimars, mit der Einladung zu den Salongesprächen und den Damentees, mit dem privilegierten Sitz im Theater und vielem anderen sichtbar zu machen war. Charlotte von Stein hat sich bis zum Tod Christiane von Goethes (1816) gegen diese Anerkennung gewehrt, vermutlich weniger aus Eifersucht als aus Standesbedenken. So wußte sich Goethe, listig wie er war, der Dienste einer aus der Großstadt und daher den Bedenklichkeiten der Provinz nicht verfallenen, neu zugezogenen Dame zu versichern, Johanna Schopenhauers, die sich durch ihr beherztes Auftreten in den Schreckenstagen die Achtung der Weimaraner erworben hatte. Sie war, wie Goethe meinte, »durch die Feuertaufe zur Weimaranerin« geworden. Ihr hat Goethe rechtzeitig geschmeichelt, so daß sie ihm den Freundschaftsdienst, um den er sie bat, nicht verweigern konnte. Am 24. Oktober 1806 schrieb Johanna Schopenhauer an ihren Sohn Arthur: »Goethe hat sich Sonntag mit seiner alten geliebten Vulpius der Mutter seines Sohnes trauen lassen, er hat gesagt in Friedenszeiten könne man die Gesetze wohl vorbei

Abb. 12   Christiane von Goethe, geb. Vulpius (1765-1816).
Büste von Carl Gottlob Weißer (1780-1815), Gipsabguß 1810.

gehen, in Zeiten wie die unsre müsse man sie ehren. Den Tag
drauf schickte er *D*. Riemer den Hofmeister seines Sohnes zu
mir um zu hören wie es mir ginge, den selben Abend ließ er
sich bei mir melden, und stellte mir seine Frau vor, ich emp-
fing sie als ob ich nicht wüßte wer sie vorher gewesen wäre,
ich denke wenn Goethe ihr seinen Namen gibt können wir
ihr wohl eine Tasse Tee geben.«

Noch in dem eigenhändigen Brief an den Herzog vom 25. Dezember 1806 aber, dem Goethe in den letzten Tagen des Jahres eine lange Nachschrift anfügt, ist der Lebensschrecken,
der ihn im Oktobers 1806 erfaßt hat, bis in Grammatik und
Satzbau hinein zu erkennen. Zunächst erstattet er nur Bericht über die glückliche Geburt des Sohnes von Caroline
Jagemann und benutzt den Zufall, daß diese Geburt mit dem
siebzehnten Geburtstag seines Sohnes August zusammenfällt,
um die ohne Einwilligung des Herzogs vollzogene Hochzeit
mit Christiane zu beichten: »Er [August] läßt sich noch immer gut an und ich konnte mir Ew. Durchl. Einwilligung aus
der Ferne versprechen, als ich, in den unsichersten Augen-
blicken, durch ein gesetzliches Band, ihm Vater und Mutter gab, wie er es lange verdient hatte. Wenn alle Bande sich
auflösen wird man zu den häuslichen zurückgewiesen, und
überhaupt mag man jetzt nur gerne nach innen sehen.« Dann
aber folgt ein langer, mühsam selbst geschriebener, nicht dik-
tierter Brief, in dem über den Zustand der herzoglichen Besitztümer so berichtet wird, daß die inneren und die äußeren
Kriegsschäden, die Weimar erlitten hat, wohl sichtbar werden. Zu diesen Kriegsschäden gehört zum Beispiel der Neid,
der Goethe, dem »Nichtgeplünderten«, entgegenschlägt, so
daß er sich »mit Geschenken und Gaben doch am Ende ins

Abb. 13 August von Goethe in einer Zeichnung
von Julie Gräfin von Egloffstein, um 1810.

Gleiche setzen muß«. An das Geständnis, daß der Brief nicht, wie sonst die Korrespondenz des großen Briefeschreibers, gedeihen will, schließt sich das Bekenntnis der Todesahnung und die dadurch begründete, dann auch gewährte Bitte, ihm das Haus, in dem er durch des Herzogs Gunst wohnen darf, endgültig als Eigentum zu überschreiben: »Es wird ein Fest für mich und die Meinigen sein wenn die Base des entschiedenen Eigentums sich unter unsern Füßen befestigt, nachdem es so manchen Tag über unserm Haupte geschwankt und einzustürzen gedroht hat.« In einem einzigen Brief dem Herzog die Geburt von dessen Sohn zu melden, ihm nebenbei die ohne Einwilligung vollzogene Hochzeit seines Ministers zu berichten, ihn um die Schenkung eines Hauses zu bitten, die Zerstörungen in Weimar zu beschreiben und das Gerettete hervorzuheben, ist ein Kunststück eigener Art. Goethe ist es in diesem unter Verwirrung und Schmerzen geschriebenen Brief gelungen. Der ganze Brief steht im Zeichen des »panischen Schreckens«, dem Charlotte Schiller die überstürzte Trauung zugeschrieben hat. Die Nierenkoliken allerdings, das Hauptübel, haben sich – und dies dem Herzog zu berichten, versäumte Goethe nicht – seit der letzten Kur in Karlsbad nicht mehr gemeldet: »Hypochondrisch möchte ich nicht gern endigen, da es genugsam Anlässe zu traurigen Stimmungen gibt. – Gern sag ich deswegen daß Carls-Bad mir sehr wohl getan, daß ich keinen Haupt Anfall diesen Winter erlitten. Aber erlitten habe ich etwas vom 14. Octbr. an, auch etwas physisches das mir noch zu nahe steht um es ausdrücken zu können. Geb uns allen der Himmel Jahre um diesen Gegenstand in den Sehewinckel zu bringen.« Jetzt erst ist sich Goethe selbst historisch geworden, jetzt, da »Freund

Hain« an seine Türe geklopft hat, hat er konsequent gegen die Zeit und ihre Moden gelebt. Jetzt hat er sogar dem Todesbewußtsein Eingang in sein Werk gestattet, hat versucht, in der eigenen Person das Beste aus dem Zeitalter der Persönlichkeit in das der schnellen Kommunikation, der Technik und der flüchtigen Gemeinschaften zu retten: die Poesie.

6. Ein neues Ehekonzept

Zehn Jahre noch hat Goethes Ehe gedauert, bis Christiane am 6. Juni 1816 an Nierenversagen qualvoll gestorben ist. Die Literatur über diese Liebe und diese Ehe ist wohl deshalb so widersprüchlich, weil es nur schwer gelingt, den Code der Liebe, das gesellschaftliche Spiel mit Erotik und Sexualität von deren Realität zu unterscheiden. Erst im 18. Jahrhundert, in der Lebenszeit Goethes, wurde ja das »Persönliche« als ein breites und tiefes Experimentierfeld auch von Partnerschaften entdeckt, wurde das Intime in der öffentlichen Sprache geduldet. Die von Goethe und seinen romantischen Schülern gemeinsam unternommenen Versuche erotisch-öffentlichen Sprechens sind dann im viktorianisch gesinnten Europa untergegangen. Die Prüderie des biedermeierlichen Deutschland hat uns die Möglichkeit genommen, über natürliche Dinge anders als in der Amts- und Gerichtssprache oder im Gassenjargon zu sprechen. So sprechen wir vom »Geschlechtsakt«, vom »Beischlaf«, vom »Geschlechtsverkehr«, in philosophischer Terminologie sogar von der »Inbetriebnahme der Geschlechtsorgane« etc. Niklas Luhmann hat darauf hingewiesen, daß in englischer, französischer und deutscher Literatur die Ehe erst gegen Ende des 17. und zu Beginn des 18. Jahrhunderts zum psychologischen und moralischen Problem wurde, daß die Frau damals als ein dem Mann ebenbürtiger Mensch entdeckt, die Ehe demzufolge enthierarchisiert wurde; »zugleich wird Anpassung zur Klugheitsregel. Jeder soll zu seinem Glück kommen – mit Hilfe des anderen.« Seit 1760 etwa »verabschiedet sich mit einer letzten starken Geste dann auch der Verführer als moralische Figur. Er überschreitet die Dimensionen zielbewußter Technik, er operiert methodisch nach der Eigenlogik des Bösen, zerstört um der Zerstörung willen, nachdem ihm der bloße Erfolg bei den Damen zu selbstverständlich und damit belanglos geworden ist.« In Mozarts Oper »Don Giovanni«, in Jean Pauls Figur des Roquairol, von der Clemens Brentano meinte, sie sei ein Porträt seines eigenen Lebensentwurfes, in der poetischen Vorstellungswelt ebendieses von Hans Magnus Enzensberger als »erotisches Genie« bezeichneten Clemens Brentano, in den Verführergestalten E. T. A. Hoffmanns und in Kierkegaards »Tagebuch eines Verführers« sind nun jene Figuren gestaltet, die verführen, um sich selbst interessiert bei der Verführung und um, im Wortsinne neugierig, dem Schmerz der verlassenen Frauen zuzusehen. Goethes Gretchentragödie fügt sich in den unterschiedlichen Reaktionen Fausts, Mephistos und Gretchens auf Verführung, Schuld und Verlassen dieser Tradition des Umbruchs ein. »Die wohl wichtigsten Veränderungen, die das 18. Jahrhundert bringt«, meint Luhmann, »betreffen Sexualität – und zwar nicht so sehr die Praxis des Geschlechtsverkehrs selbst, sondern ihre Behandlung als symbiotischer Mechanismus in der Semantik der Liebe.« In dieser Zeit treffen alte und neue Ehekonzepte aufeinander, beginnen »plaisir« und »amour« sich einander zu nähern, wird – gerade bei Goethe – der Code des »amour passion«, der »für außereheliche Beziehungen entwickelt wurde«, auf die Ehe bezogen.

Mit der Entdeckung des Persönlichen, des Intimen und des Nahen dringen Leidenschaft und Liebe in die Ehe ein, in der noch im Ancien régime vor allem die Freundschaft regierte. Das nach der Auflösung des »ganzen Hauses« Platz greifende Liebes- und Ehekonzept war ein Konzept der glückverheißenden Individualität des je einzelnen Partners. Ein solches Konzept verlangte Liebe und körperliche Treue und erlaubte, nun auch in der Ehe, sogar Leidenschaft. Es erlaubte auch die Leidenschaft der Frau, die in den Ehe- und Liebeskonzepten früherer Jahrhunderte grundsätzlich leidenschaftslos zu sein hatte. Goethe hat in einem langen Leben diese sozialrevolutionären Veränderungen als Teil seiner Lebenserfahrungen aufgenommen und sich ihnen gestellt. Die Zeitgenossen, insbesondere die Frauen, haben es ihm gedankt. Am 14. September 1827 meinte Rahel Varnhagen in einem Brief an ihren Mann, daß Goethe »so groß« sei »als irgend ein alter Dichter«, aber zugleich sei er wegen der Darstellung seiner Frauengestalten »der neue, moderne [Dichter] par excellence [...] Verstehst Du? Die Alten hatten das Weib: die Mutter, die Tochter, die Schwester. Wir haben diese Urgestalten im Lichte der Frauen [...]. Wir haben Frauen, und die hat Goethe beim Schopf gehalten und ihnen tief durch die Augen ins Herz geschaut, jedes kleinste Winkelchen im ›Labyrinth der Brust‹.« Darin also wird Goethe von Rahel Varnhagen für modern gehalten, daß er in den Frauen seiner Zeit nicht lediglich Geschlechtswesen sah, keine typischen

Abb. 14 Schattenriß der Charlotte von Stein, um 1773. Erst
durch die Freundschaft mit Charlotte von Stein (1742-1827) wurde
Goethe zu einem Kavalier des 18. Jahrhunderts, der sich in den
Hofgesellschaften der deutschen Kleinstaaten zu bewegen wußte.
Nach Goethes Rückkehr aus Italien, als er sich an Christiane
Vulpius gebunden hat, kam es zu Entfremdung und Streit, der in
Goethes Brief an Frau von Stein vom 1. Juni 1789 gipfelte. In diesem
Brief hat Goethe sein Verhältnis zu der (schwangeren) Christiane
heruntergespielt, sich über Charlotte von Steins Mißtrauen und
ihre üble Laune beklagt und die Entfremdung ihrem übermäßigen
Kaffeegenuß zur Last gelegt. Auf diesen Brief hat Frau von Stein mit
Bleistift vermerkt: »O!!!« So lakonisch endete eine große Liebe.

Geschlechterrollen gestaltet hat, sondern daß er sie in ihrem Eigensein, als je eigene, individuelle Frau, ernst genommen und nicht ständig mit dem angeblich überlegenen Geschlecht verglichen hat.

Zur Zeit von Goethes Eheschließung mit Christiane Vulpius hatte sich das neue, meist als romantisch gekennzeichnete Ehe- und Liebeskonzept so weitgehend durchgesetzt, daß diese Erkenntnis wohl mit zu den schockartigen Erfahrungen der Jahre nach Schillers Tod gehörte. In der Welt des Individuums, die durch Goethe und mit Goethe im deutschen Sprach-, Denk- und Sozialraum heraufgeführt worden war, wurden Sexualität und Erotik nun voll in die Ehe einbezogen, freilich mit jener charakteristischen Geschlechter-Asymmetrie, die Luhmann in dem bekannten Satz zusammengefaßt hat: »Der Mann liebt das Lieben, die Frau liebt den Mann.« Da die Ehe jetzt durch Liebe fundiert und die Liebe durch Ehe legitimiert wurde, mußte der Liebe nicht mehr die irgendwie höherwertige, weil vermeintlich beständigere Freundschaft übergeordnet werden.

Es bedarf also kaum der von Peter Hacks und Kurt R. Eissler gemeinsam verbreiteten Spekulationen über die Frigidität Charlotte von Steins oder gar über eine sexuelle Anomalie Goethes, um sein Verhältnis zu Charlotte von Stein und das völlig andersgeartete Verhältnis zu Christiane Vulpius zu beschreiben. Es genügt ein Blick in die Sozialgeschichte von Liebe und Ehe. Mir scheint, daß Goethe in Charlotte von Stein und Christiane Vulpius nicht nur zwei höchst unterschiedlichen Frauen begegnet ist, wobei der Standesunterschied den geringsten Unterschied ausmachte. In beiden Frauen waren für ihn auch unterschiedliche Liebes- und Leibeskonzepte verkörpert: in der Hofdame Charlotte von Stein das ältere Konzept, in dem Freundschaft als Basis einer dauerhaften, zumindest eheähnlichen Bindung verstanden wurde; in Christiane Vulpius das neue Konzept, in dem körperliche und eheliche Liebe nicht mehr voneinander geschieden waren, körperliche Treue gefordert und körperliche Untreue, jetzt auch des Mannes, durch Scheidung sanktioniert wurde. So ist es zu verstehen, daß Charlotte von Stein nicht müde wurde, den an ihr verübten Treuebruch Goethes als einen Vertrauens-, das heißt als einen Freundschaftsbruch zu beklagen. Sie meinte, Goethe habe »zwei Naturen«, eine sinnliche und eine geistige. 1808 erst wurde ihr deutlich, wie sehr Goethe »das Kreatürchen«, wie sie Christiane nannte, liebte. Ein »eigentlich offner, herzlicher Umgang« freilich wollte ihr mit »diesem Freund nicht wieder werden«, so gut sie ihm auch war. Im alten, strikt standesbezogenen Ehedenken verfangen, konnte Charlotte von Stein nicht begreifen, daß das Individualitätskonzept, das Goethe mit heraufgeführt hatte, auch die Standesgrenzen tiefer legte, daß es Körperlichkeit und Sexualität als Mittel der Selbsterfahrung im sprachlichen Ausdruck und in der Praxis betonte. Es bezog damit die Treue auf den Menschen und mußte es auf den beziehen, mit dem die körperliche Liebe gelebt wurde. So trafen 1806 zwei neue Erfahrungen zusammen, um Goethe zu veranlassen, sich der Institution Ehe zu stellen: die panisch schreckhafte Erfahrung der Todesnot, aus der ihn seine Frau errettet hat, und jenes neue Lebenskonzept, das Freude, Liebe und Treue in eins gesehen hat.

7. Goethes Gedicht »Das Tagebuch«

Unter der Perspektive dieses neuen Liebes- und Ehekonzeptes ist wohl Goethe selbst ein Gedicht wie »Das Tagebuch« aus dem Jahre 1810 keineswegs als so frivol oder gar obszön erschienen, wie es den Leserinnen und Lesern zumindest im Jahrhundert nach Goethes Tod erscheinen mußte. Es ist kein Gedicht der Untreue, sondern ein Gedicht ehelicher Treue. Es ist somit für Goethes Ehe mit Christiane sozialgeschichtlich und literarisch von ähnlicher Bedeutung wie das bekannte Anamnesis-Gedicht (»Warum gabst du uns die tiefen Blicke«) für sein Verhältnis zu Charlotte von Stein. »Das Tagebuch« ist zugleich Goethes literarischer Abschied von der Figur des Verführers. Daß dieser Abschied dem »Mann von sechzig Jahren« mit selbstironischer Geste gelingt, daß von nun an literarisch die Figuren der »Entsagenden« an die Stelle der Don-Juan-Figuren treten, hebt das Gedicht aus der Reihe thematisch ähnlicher Texte des 18. und des frühen 19. Jahrhunderts heraus. Dieser Zusammenhang aber ist bei der Obszönitäts-Debatte stets übersehen worden. Schließlich können das Interesse für und die Darstellung von Sexualität allein nicht schon als obszön bewertet werden. Im neuen Liebes- und Ehekonzept kann, nach Luhmann, der »Schnitt nicht mehr zwischen Sinnlichkeit und Seele gelegt werden, wenn für Liebe und Ehe die Einheit beider verlangt wird. Das Obszöne disqualifiziert sich durch das fehlende Interesse an der Person, oder genauer: durch die Auswechselbarkeit der Bezugsperson.« Goethe hat das erzählende Gedicht »Das Tagebuch« nicht drucken lassen, es aber im Kreis der Freunde immer wieder vorgelesen und sogar bedauert, es der herrschenden Moralkonventionen wegen nicht häufiger vorlesen zu können. Im Mai 1810 hat er es nachweisbar bei seinem Freund Knebel in Jena gelesen, dessen fast dreißig Jahre jüngere Frau 1798 einen zweijährigen natürlichen Sohn des Herzogs Carl August mit in die Ehe gebracht hatte. Am 8. Oktober 1815, also unmittelbar nach der Trennung von Marianne von Willemer, hat er es auf der Heimreise von Heidelberg seinem katholischen jungen Freund Sulpice Boisserée vorgelesen. Dieses zeichenhafte Faktum wird bei der Beschreibung der Liebe zwischen Goethe und Marianne von Willemer häufig übersehen.

Dem panischen Lebensschrecken, der ihn 1806 überfallen hat, konnte Goethe vermutlich erst in seinem Roman »Die Wahlverwandtschaften« (1809) eine poetische Perspektive abgewinnen. Seit Walter Benjamins Deutung wissen wir, daß dies ein Roman ist, in dem die Mythologie des Todes stärker leitendes Thema ist als das von Ehe und Ehebruch. Schon die Zeitgenossen haben die tragische Perspektive des Romans erkannt und darüber geklagt, daß Goethe ihnen mit ihm Schmerz und tiefen Kummer bereitet habe. Clemens Brentano, schreibt sein Freund Achim von Arnim am 5. November 1809 an Bettine Brentano, sei nach der Lektüre dieses Romans ganz »tückisch verstört« zu ihm gekommen: »wie Goethe sich hinsetzen könne, den Leuten soviel Kummer zu bereiten«. Und Bettine hat in diesen Kummer eingestimmt: »Ach, wie konnte doch Ottilie früher sterben wollen? – O ich frage Dich [Goethe]: ist es nicht auch Buße, Glück zu tragen, Glück zu genießen? – O Goethe konntest Du keinen erschaffen, der sie gerettet hätte?« Hans Rudolf Vaget hat darauf hingewiesen, wie sehr das Gedicht »Das Tagebuch« in einem kontrafaktischen Verhältnis zu den »Wahlverwandtschaften«

steht. Dort, im Roman, verführt Eduard die eigene Ehefrau. Die Partner dieser Liebesnacht stellen sich vor, jeweils einen anderen geliebten Menschen (Ottilie und den Hauptmann) zu umarmen. Das Kind, das aus dieser Vereinigung der Ehebrecher im Ehebett entsteht, trägt denn auch (im Blick Eduards und Ottilies) Züge dieser in Phantasie und Einbildungskraft umarmten Personen. Im Roman also erscheint die Gestalt des Verführers in ironisch-tragischer Brechung. Das Gedicht »Das Tagebuch« aber ist, im Unterschied zu dem Ehebruchsroman, trotz seines scheinbar frivolen Themas, ein Gedicht ehelicher Treue. In diesem Gedicht erscheint die Figur des Don Juan in ironisch-komödiantischer Brechung. Eine die Obszönität bedingende Auswechselbarkeit der Bezugsperson wird von dem verheirateten Reisenden, der hier tagebuchartig erzählt, im Stile des italienischen Satirikers und Zeitgenossen Goethes Giovanni Battista Casti, bewußt und willentlich gemieden. Don Juan entsagt trotz ihm gebotener Gelegenheit, nachdem er zuvor körperlich versagt hatte. Die verzögerte und durch illustrierte Nachdrucke verfälschte Rezeption des Gedichtes hat diese Intention unterdrückt. Eine solche Intention aber konnte auch die an Goethes Gedichten sonst recht uninteressierte Christiane sogleich verstehen. Immerhin hat Wilhelm Raabe das 1861 in einem Privatdruck in 24 Exemplaren erstmals erschienene Gedicht Goethes 1868 in eigenen Ehenöten erworben, Thomas Mann hat es, am 24. Dezember 1953, in einem Dankesbrief für die Zusendung der von Max Schwimmer illustrierten Ausgabe, eine »kecke Moralität« genannt, für die er immer »eine besondere Neigung« gehabt habe. Doch so wenig sich Goethes sexueller Wortschatz durchsetzen konnte, so lustvoll wurde das Gedicht meist in den Traditionen von Frivolität und Obszönität überliefert. Ganz konsequent wurde die erste englische Versübersetzung, nach Karl Eibls Feststellung, im »Playboy« im Dezember 1968 gedruckt.

Geschildert wird in dem Gedicht »Das Tagebuch«, in einem pädagogisch-moralischen Rahmen und in der Form von Casti nachgebildeten Stanzen, die (bis heute) topische Versuchung des Reisenden, das rasche sexuelle Glück dort zu genießen, wo es sich ihm bietet. Auch hier bietet es sich dem Reisenden, als das Rad seines Wagens bricht, der ihn nach Hause bringen sollte:

> Und wie ich auch mit Schmied und Wagner tollte
> Sie hämmerten verschmähten viel zu reden
> Ein jedes Handwerk hat nun seine Schnurren.
> Was blieb mir nun zu weilen und zu murren.

> So stand ich nun! Der Stern des nächsten Schildes
> Berief mich hin, die Wohnung schien erträglich
> Ein Mädchen kam, des seltensten Gebildes,
> Das Licht erleuchtend. Mir ward gleich behäglich.
> Hausflur und Treppen sah’ ich als ein Mildes,
> Die Zimmerchen erfreuten mich unsäglich.
> Den sündigen Menschen der im Freien schwebet
> Die Schönheit spinnt, sie ist’s die ihn umwebet.

Es kommt, wie es kommen muß, doch als sich die begehrte Wirtstocher um Mitternacht zu dem Reisenden legt, versagt »Meister Iste« diesem den Dienst. Im Bett des Gasthauses wird zur Mitternacht geredet und gedacht, sonst nichts:

Der Mitternacht gehören Haus und Straßen,
Mir ist ein weites Lager aufbereitet,
Wovon den kleinsten Teil mir anzumaßen
Die Liebe rät, die alles wohl bereitet.
Ich zaudre noch die Kerzen auszublasen
Nun hör' ich sie, wie leise sie auch gleitet,
Mit gierigem Blick die Hochgestalt umschweif' ich
Sie legt sich bei, die Wohlgestalt ergreif' ich.

Sie macht sich los: Vergönne, daß ich rede
Damit ich dir nicht völlig fremd gehöre.
Der Schein ist wider mich, sonst war ich blöde
Stets gegen Männer setzt' ich mich zur Wehre
Mich nennt die Stadt, mich nennt die Gegend spröde;
Nun aber weiß ich, wie das Herz sich kehre:
Du bist mein Sieger, laß Dich's nicht verdrießen,
Ich sah, ich liebte, schwur dich zu genießen.

Du hast mich rein, und wenn ich's besser wüßte
So gäb' ich's Dir; ich tue was ich sage.
So schließt sie mich an ihre süßen Brüste
Als ob ihr nur an meiner Brust behage.
Und wie ich Mund und Aug' und Stirne küßte
So war ich doch in wunderbarer Lage:
Denn der so hitzig sonst den Meister spielet
Weicht schülerhaft zurück und abgekühlet.

Es ist nicht die Stunde des sexuellen Vergnügens, »plaisir«
allein genügt nicht mehr, und zu »amour« gehört mehr als
Gelegenheit und Lust. So findet dieser Reisende erst in der

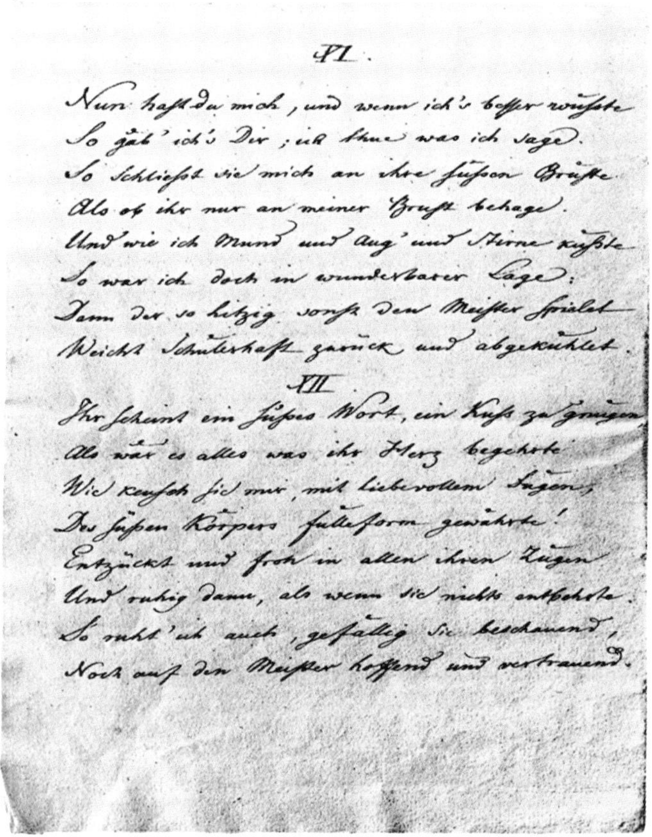

XI.

Nun hast du mich, und wenn ich's besser wüßte
So gäb' ich's Dir; ich thue was ich sage.
So schließt sie mich an ihre süßen Brüste
Als ob ihr nur an meiner Brust behage.
Und wie ich Mund und Aug' und Stirne küßte
So war ich doch in wunderbarer Lage:
Denn der so hitzig sonst den Meister spielet
Weicht schülerhaft zurück und abgekühlet.

XII.

Ihr scheint ein süßes Wort, ein Kuß zu gnügen,
Als wär es alles was ihr Herz begehrte
Wie keusch sie mir, mit liebevollem Fügen,
Des süßen Körpers Fülleform gewährte!
Entzückt und froh in allen ihren Zügen
Und ruhig dann, als wenn sie nichts entbehrte.
So ruht' ich auch, gefällig sie beschauend,
Noch auf den Meister hoffend und vertrauend.

Abb. 15 Strophen 11 und 12 von Goethes Gedicht »Das Tagebuch« in der Handschrift Friedrich Wilhelm Riemers (Goethe. Gedichte in Handschriften. Fünfzig Gedichte Goethes. Ausgewählt und erläutert von Karl Eibl. Frankfurt am Main 1999, S. 183-211 und S. 275 f.).

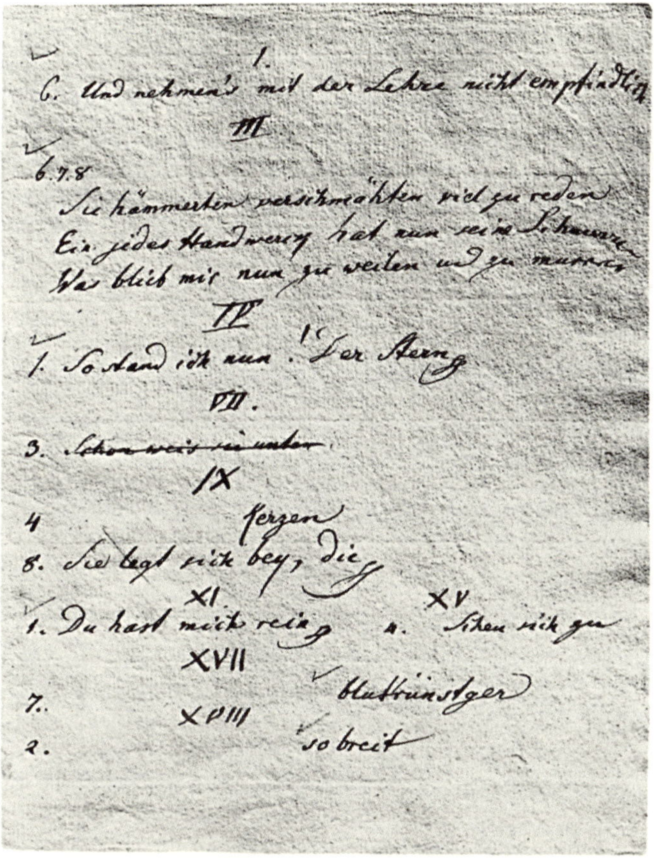
1.
6. Und nehmen's mit der Lehre nicht empfindlich
III
6.7.8
Sie hämmerten verschmähten viel zu reden
Ein jedes Handwerck hat nun seine Schwere
Was bleibt mir nun zu weilen und zu murren
IV
1. So stand ich nun . Der Stern
VII.
3. ~~Schon weis sie unter~~
IX
4 Kerzen
8. Sie legt sich bey, die
XI. XV
1. Du hast mich rein 4. Schen sich zu
XVII
7. blutrünstger
XVIII
2. so breit

Abb. 16 Eigenhändige Korrekturen Goethes zu den Strophen 1-18 des Gedichtes »Das Tagebuch«. Karl Eibl verweist darauf, daß Christian Wagenknecht für Zeile 1 der 11. Strophe des Gedichtes die sinnvolle Konjektur »und wenn ich besser's wüßte« vorschlägt.

Erinnerung an die eheliche Liebe wieder zu körperlicher Kraft. Damit geschieht hier im poetischen Text, was sonst in Literatur kaum geschehen ist: die gedächtnislose Sexualität wird Teil der Erinnerung und damit zu einer humanen Kraft, die jetzt zur Treue verführt. Die genaue Körperbeobachtung im »Tagebuch« ist nicht weniger auffällig als diese, der romantischen Kategorie des Interessanten durchaus widersprechende, Verschränkung von Trieb und Reflexion:

> Doch Meister Iste hat nun seine Grillen
> Und läßt sich nicht befehlen noch verachten.
> Auf einmal ist er da und ganz im Stillen
> Erhebt er sich zu allen seinen Prachten.
> So steht es nun dem Wandrer ganz zu Willen,
> Nicht lechzend mehr am Quell zu übernachten.
> Er neigt sich hin, er will die Schläferin küssen,
> Allein er stockt, er fühlt sich weggerissen.
>
> Wer hat zur Kraft ihn wieder aufgestählet?
> Als jenes Bild, das ihm auf ewig teuer,
> Mit dem er sich in Jugendlust vermählet
> Dort leuchtet her ein frisch erquicklich Feuer
> Und wie er erst in Ohnmacht sich gequälet;
> So wird nun hier dem Starken nicht geheuer,
> Er schaudert weg, vorsichtig, leise, leise
> Entzieht er sich dem holden Zauberkreise.
>
> Sitzt, schreibt: Ich nahte mich der heimischen Pforte
> Entfernen wollten mich die letzten Stunden,
> Da hab' ich nun am sonderbarsten Orte

Mein treues Herz aufs neue dir verbunden.
Zum Schlusse findest du geheime Worte:
Die Krankheit erst bewähret den Gesunden.
Dies Büchlein soll dir manches Gute zeigen,
Das Beste nur, muß ich zuletzt verschweigen.

Das ewig unergründliche und zur Sünde geneigte Menschenherz ist dem Walten eines Göttlichen unterworfen. Auch die stärkste im Menschen waltende Kraft der Natur, die Sexualität, kann Gedächtnis gewinnen, kann dem Humanen, der Erinnerung dienstbar werden. Denn nur dort, wo Sexualität Erinnerung schenkt, ist sie Teil der Liebe. So treten nun an die Stelle von Vergnügen und Freundschaft bei Goethe zwei neue, zwar ironisch eingeführte, aber selbst in diesem Gedicht ernsthaft gemeinte Begriffe, Pflicht und Liebe:

Und weil zuletzt bei jeder Dichtungsweise
Moralien uns ernstlich fördern sollen;
So will auch ich in so beliebtem Gleise
Euch gern bekennen was die Verse wollen:
Wir stolpern wohl auf unsrer Lebensreise,
Und doch vermögen in der Welt, der tollen,
Zwei Hebel viel auf's irdische Getriebe:
Sehr viel die Pflicht, unendlich mehr die Liebe.

Goethe hat seine Ehe ernst genommen, nicht erst seit er sich Christiane Vulpius nach jener Schreckensnacht im Oktober 1806 auch vor dem bürgerlichen Gesetz verbunden hat. Das in den Schrecken des Zusammenbruchs der Welt des 18. Jahrhunderts geschlossene Band blieb nicht frei von Versuchun-

gen. Aber trotz Gewöhnung, trotz Alkohol und Vergnü-
gungssucht, trotz öffentlicher und geheimer Verleumdung hat
er darauf bestanden, daß seiner Frau in Weimar und anderswo
die Achtung nicht versagt wurde, die ihr als der Geheimrätin
Goethe gebührte. Es gibt einen Gedichtentwurf Goethes,
der erst 1836 (also vier Jahre nach seinem Tod) veröffentlicht wurde. Manche meinen, der Entwurf könne auf Christiane bezogen werden, er sei vielleicht kurz nach ihrem Tod
geschrieben. Karl Eibl vermutet ein Rollengedicht, wobei die
erste Strophe von einem Mann, die zweite von einer Frau ge-
sprochen wird. Es ist ein Gedicht der Hingabe und einer Treue,
die innig zu nennen ist. Hier nämlich sprechen zwei Menschen, die sich kennen, und sich deshalb auch erkennen:

> Ein rascher Sinn, der keinen Zweifel hegt,
> Stets denkt und tut und niemals überlegt,
> Ein treues Herz, das wie empfängt so gibt,
> Genießt und mitteilt, lebt indem es liebt.
> Froh glänzend Auge, Wange frisch und rot,
> Nie schön gepriesen, hübsch bis in den Tod.

> Da blickt' ich ihn noch manchmal freundlich an
> Und habe leidend viel für ihn getan.
> Indes mein armes Herz im Stillen brach,
> Da sagt' ich mir: bald folgst du ihnen nach!
> Ich trug des Hauses nun zu schwere Last,
> Um seinetwillen nur ein Erdengast.

Auf dem Hintergrund der Strophen des »Tagebuchs«, dem
Satyrspiel zu der Tragödie der »Wahlverwandtschaften«, sind

die wenigen Verse, die Goethe auf den Tod seiner Frau am
6. Juni 1816 geschrieben hat, glaubhaft und ehrlich:

> Du versuchst, o Sonne, vergebens
> Durch die düstren Wolken zu scheinen!
> Der ganze Gewinn meines Lebens
> Ist ihren Verlust zu beweinen.

In einer Fußnote zur Gedichtsammlung von 1827 ist dieses
Gedicht als eine Grabschrift mit »Der Gatte der Gattin«
gekennzeichnet. »Goethe«, sagte Martin Walser in seiner
Rede an der Universität Konstanz über »Goethes Anziehungskraft«, »hatte dem Andrang des gewöhnlichen Übels
nichts als seinen künstlichen Widerstand entgegenzusetzen.
Nichts Ableitbares, nichts Beweisbares, nur das Angstpro-
dukt Kunst, Schönheit; damit unsere ungeheure und negative
Disposition ein wenig von ihrer entwürdigenden Gewalt ver-
löre.«

Nachbemerkung

Das Jahr 2006 war ein Jahr der Jubiläen, insbesondere ein Jahr der historischen Gedenktage. In diesem Jahr wurde z.B. die Grundsteinlegung von Neu-St.-Peter in Rom gefeiert, einer Kirche, die Goethes Vater (1740) beschrieben hat, die Goethe selbst (1786 bis 1788) immer wieder bewundernd besucht hat, in der sich August von Goethe so erkältet haben soll, daß er im Oktober 1830 in Rom (an einem Schlaganfall) gestorben ist. In diesem Jahr 2006 wurde auch der 200. Gründungstag der Königreiche Bayern, Sachsen und Württemberg gefeiert. Sie waren Königreiche von Napoleons Gnaden. Napoleons Sieg über Preußen in diesem Jahr war schließlich der Anlaß für Goethes Hochzeit mit Christiane Vulpius, überstürzt und doch überlegt, in Weimar, nach der Schlacht bei Jena und Auerstedt. Aus einem Vortrag zu Goethes 200. Hochzeitstag ist der vorliegende Text hervorgegangen, dessen Druck sich Andreas Schlüter, der Generalsekretär des Stifterverbandes für die Deutsche Wissenschaft, gewünscht hat. Ohne ihn und Hans-Joachim Simm vom Insel Verlag wäre dieses Büchlein nicht entstanden. Ihnen beiden und Peter Höfle, der diesen Band sorgfältig lektoriert hat, danke ich.

Wolfgang Frühwald

Hinweise

Die *Zitate aus Werken, Briefen und Tagebüchern Goethes*, die durch entsprechende Hinweise im Text leicht zu identifizieren sind, wurden der Frankfurter Goethe-Ausgabe im Deutschen Klassiker Verlag (Frankfurt am Main) entnommen. Die Zitate des 7. Abschnittes demnach dem Band: Johann Wolfgang Goethe: Gedichte 1800-1832. Hg. von *Karl Eibl*. Frankfurt am Main 1988. – Zu Goethes Gesprächen vgl.: Goethes Gespräche. Eine Sammlung zeitgenössischer Berichte aus seinem Umgang. Auf Grund der Ausgabe und des Nachlasses von *Flodoard Freiherrn von Biedermann* ergänzt und hg. von *Wolfgang Herwig*. Bde. II-IV. Zürich und Stuttgart 1969-1984. – Die Äußerungen der Zeitgenossen werden zitiert aus den Bänden II und III der Sammlung: Goethe in vertraulichen Briefen seiner Zeitgenossen. Zusammengestellt von *Wilhelm Bode*. Neu hg. von *Regine Otto* und *Paul-Gerhard Wenzlaff*. München 1982. – Für das Gedicht »Das Tagebuch« verweise ich auch auf die von Max Schwimmer 1953 illustrierte Einzelausgabe (Verlag der Nation, Berlin).

Zum *historischen Hintergrund* vgl. u. a. *Max Braubach*: Von der Französischen Revolution bis zum Wiener Kongreß. In: *Bruno Gebhardt*: Handbuch der deutschen Geschichte. Bd. 3: Von der Französischen Revolution bis zum ersten Weltkrieg. 8. Auflage, hg. von *Herbert Grundmann*. Stuttgart 1960, S. 1-94; *Thomas Nipperdey*: Deutsche Geschichte 1800-1866. Bürgerwelt und starker Staat. München 1998; sowie *Gustav Freytag*: Bilder aus der deutschen Vergangenheit. Bd. V. Aus neuer Zeit 1700-1848. Leipzig o.J.

Texthinweise (in der Reihenfolge der Zitate): Zu August von
Goethes Todesreise nach Italien vgl. August von Goethe: Auf
einer Reise nach Süden. Tagebuch 1830. Erstdruck nach den
Handschriften. Hg. von *Andreas Beyer* und *Gabriele Radecke*.
München und Wien 1999. – Die Skizze der Gewalttheorie
nach *Friedhelm Neidhardt*. – Zu den durch Johanna und
Adele Schopenhauer aus Weimar vermittelten Nachrichten
vgl. Die Schopenhauers. Der Familien-Briefwechsel von Adele, Arthur, Heinrich Floris und Johanna Schopenhauer. Hg.
und eingeleitet von *Ludger Lütkehaus*. München 1968 (dtv).
Die Nachrichten Johanna Schopenhauers aus Weimar kenn-
zeichnen unter allen erhaltenen Dokumenten die Stimmung,
die im Umkreis Goethes im Herbst 1806 herrschte, am an-
schaulichsten. – Die These von der Entwicklung klassisch-
romantischer Kultur (1795-1805) in dem durch das neutrale
Preußen geschützten »Friedensland« nach *Max Braubach*.
– Der preußische Prinz Louis Ferdinand (1772-1806), ein
Neffe König Friedrichs II. von Preußen, Zeitgenosse der
romantischen Generation, gehörte der preußischen Kriegs-
partei um Königin Luise an. Er war philosophisch, militä-
risch und musisch hochbegabt, ein »Kriegsgott«, wie ihn
Theodor Fontane genannt hat, der »Abgott schöner Frauen«,
und zugleich einer jener tollkühnen Reiteroffiziere, die ganze Armeen in den Tod reißen konnten. Sein kurzes Leben
wurde immer wieder Gegenstand von Biographien (u. a. von
Eckart Kleßmann, 1978). – Zu Herzogin Luise von Weimar
vgl. *Ernst Beutler*: Essays um Goethe. Vierte, vermehrte
Auflage. Bd. 1. Wiesbaden 1948, S. 289-298. – Das auch in
der Goethe-Philologie eher abschätzige Urteil über Christiane von Goethe ist seit dem Essay *Ernst Beutlers* (Bd. 1,

74

S. 251-264) dem nüchternen Blick für ihre haushälterischen Fähigkeiten gewichen. Erst nach Christianes Tod (1816) sei Goethe »der alte Goethe« gewesen, heißt es nun. Vgl. auch *Wolfgang W. Parth*: Goethes Christiane. Ein Lebensbild. München 1980; *Sigrid Damm*: Christiane und Goethe. Eine Recherche. Frankfurt am Main und Leipzig 1998; Christiane Goethe: Tagebuch 1816 und Briefe. In Verbindung mit dem Goethe-Nationalmuseum Weimar nach den Handschriften hg. von *Sigrid Damm*. Frankfurt am Main und Leipzig 1999. – *Martin Walser*: In Goethes Hand. Szenen aus dem 19. Jahrhundert. Frankfurt am Main 1982. – Zu Goethes Kampf um das Weimarer Haus am Frauenplan vgl. *Wolfgang Frühwald*: Hartnäckige Villenbesitzer? Über reale und fiktive Häuser deutscher Dichter. In: Kultur des Eigentums. Zusammengestellt von *Michael Stürmer* und *Roland Vogelmann*. Berlin und Heidelberg 2006, S. 447-454. – Zur Entdeckung der Innerlichkeit und zum öffentlichen Ausdruck des Inneren und Persönlichen vgl. den noch immer lesenswerten Aufsatz von *Gerhart von Grävenitz*: Innerlichkeit und Öffentlichkeit. Aspekte deutscher ›bürgerlicher‹ Literatur im frühen 18. Jahrhundert. In: Deutsche Vierteljahrsschrift für Literaturwissenschaft und Geistesgeschichte Jg. 49 (1975), Sonderheft, S. 1*-82*. Der Aufsatz gipfelt in der Feststellung, daß Goethes Werther »in seiner literarischen Verallgemeinerung [...] zur Personifikation des bürgerlichen Individuums« geworden sei. – Zum Liebes- und Ehekonzept des 18. Jahrhunderts vgl. *Niklas Luhmann*: Liebe als Passion. Zur Codierung von Intimität. Frankfurt am Main 1982. – Zu *Peter Hacks* (1928-2003) vgl. sein ungemein erfolgreiches Einpersonenstück »Ein Gespräch im Hause Stein über den abwesenden

Herrn von Goethe« (1974); zur Psychoanalysierung Goethes vgl. *Kurt R. Eissler*: Goethe. Eine psychoanalytische Studie 1775-1786. München 1987 (dtv). – Aus der reichen Literatur zu Goethes Verhältnis zu Charlotte von Stein verweise ich nur auf die folgenden Studien: *Christoph Perels*: »Ich begreife, daß Goethe sich so ganz an sie attachiert hat«. Über Charlotte von Stein. In: *Perels*: Goethe in seiner Epoche. Zwölf Versuche. Tübingen 1998, S. 97-118; *Helmut Koopmann*: Goethe und Frau von Stein. Geschichte einer Liebe. München 2002. – Zu Goethes Gedicht »Das Tagebuch« (1810) verweise ich auf *Karl Eibls* Kommentar in Band 2 der 1. Abteilung der Frankfurter Goethe-Ausgabe; auf *Siegfried Unseld*: »Das Tagebuch Goethes« und Rilkes »Sieben Gedichte«. Frankfurt am Main 1978; auf *Hans Rudolf Vaget*: Goethe – der Mann von 60 Jahren. Königstein 1982; auf *Volkmar Hansens* Deutung in: Goethe Handbuch in vier Bänden. Bd. 1: Gedichte. Hg. von *Regine Otto* und *Bernd Witte*. Stuttgart und Weimar 1996, S. 339-342; sowie auf *Dieter Borchmeyer*: Goethe. Der Zeitbürger. München und Wien 1999, S. 259 ff. – Zu Goethes Roman »Die Wahlverwandtschaften« verweise ich u. a. auf den Kommentar in Bd. 8 der 1. Abteilung der Frankfurter Goethe-Ausgabe (hg. in Zusammenarbeit mit *Christoph Brecht* von *Waltraud Wiethölter*) sowie auf die berühmte Deutung des Romans durch *Walter Benjamin*: Goethes »Wahlverwandtschaften«. In: *Benjamin*: Gesammelte Schriften. Hg. von *Rolf Tiedemann* und *Hermann Schweppenhäuser*. Bd. 1,1. Frankfurt am Main 1974, S. 123-201. – Bei dem Gedicht »Ein rascher Sinn« schließt *Karl Eibl* auf ein Rollengedicht, weil die Verse 5 und 6 im Entwurf lauteten: »Nichts hab ich ihr und sie mir nichts versagt, / Dem werter warst, der dich allein gekannt.« Zur Beziehung des Gedichtes auf Christiane von Goethe vgl. Goethe. Sein Leben in Bildern und Texten. Vorwort von *Adolf Muschg*. Hg. von *Christoph Michel*. Gestaltet von *Willy Fleckhaus*. Frankfurt am Main und Leipzig 1982, S. 321. – *Martin Walser*: Goethes Anziehungskraft (1982). In: Walser. Liebeserklärungen. Frankfurt am Main 1983, S. 237-259.

Bildnachweis

Deutsches Literaturarchiv, Marbach a. N.: Abb. 11
Freies Deutsches Hochstift/Frankfurter Goethe-Museum, Frankfurt a. M.: Abb. 3
Goethe Museum, Düsseldorf: Abb. 12
Stiftung Weimarer Klassik und Kunstsammlungen, Weimar: Abb. 1, 5, 7, 8, 10, 13, 15, 16

Weitere Nachweise über das Archiv des Insel Verlages.

Inhalt

Insel Verlag Frankfurt am Main und Leipzig 2007.
Bezugspapier: Modeldruck, Giuseppe Rizzi, Varese 1904, Deutsches
Buch- und Schriftmuseum der Deutschen Nationalbibliothek, Leipzig,
Inventar-Nr. 12/4484 (Sammlung Bertsch).
Schrift: Stempel Garamond
Satz und Druck: Memminger MedienCentrum AG
Printed in Germany
Erste Auflage 2007
ISBN 978-3-458-19294-7
3 4 5 6 – 12 11 10 09